JN270732

ハーバード・ビジネス式 マネジメント

最初の90日で成果を出す技術

THE FIRST 90 DAYS

CRITICAL SUCCESS STRATEGIES FOR NEW LEADERS AT ALL LEVELS

Michael Watkins

ハーバード・ビジネススクール助教授
マイケル・ワトキンス

村井章子 訳

アスペクト

ハーバード・ビジネス式
マネジメント

THE FIRST 90 DAYS by Michael Watkins.
Copyright ©2003 by Michael Watkins.
All rights reserved.
Japanese Translation rights arranged with
Leighco Inc. in New Jersey
through The Asano Agency, Inc. in Tokyo

ブックデザイン　福田和雄

ハーバード・ビジネス式

マネジメント

目次

CONTENTS

はじめに……9
謝辞……12
序章 最初の九〇日……14
第一章 スイッチを切り替える……32
◎これまでの職場に別れを告げ新しい仕事に気持ちを向ける。これまでの手腕が認められたのだからそのやり方を続ければいいと考えるのは、大きな誤りである。過去の業績にいつまでも執着して失敗した例は少なくない。
第二章 謙虚に効率よく学習する……49
◎できるだけ効率よくいろいろなことを学習し、新しい職場、新しい仕事にはやく慣れる。市場を知り、製品や技術を知る。それだけでなく、職場の習慣や組織、文化、人間関係も理解する必要がある。新しい職場に慣れ親しむのは根気のいる仕事だ。まず何から学ぶべきか優先順位を考え、無駄なく効率的に進めよう。

第三章 状況を診断し戦略を立てる……81

◎移行期をうまく乗り切る魔法の秘訣は、残念ながら存在しない。いま直面しているのはどんな状況か診断し、課題と機会を見きわめることが大切である。たとえば〈新製品を発売する〉〈新事業を立ち上げる〉といった状況は、〈製品に欠陥が発見された〉〈事業が経営不振に陥った〉という状況とはまったく違う。状況を的確に診断できてはじめて、有効な計画を立てることができる。

第四章 緒戦で勝利を目指す……103

◎着任後早い時期に成果を上げられれば、周囲の信頼を勝ちとり移行期をスムーズに乗り切れるようになる。緒戦の勝利は職場に活気を与え、「なにか新しいことが始まる」という期待感を高める。新任リーダーは、できるだけ着任後数週間以内には職場で認めてもらうチャンスをみつけたい。それを突破口にして九〇日の間に業績を改善し、価値を創出し、ブレークイーブン・ポイントに到達する。

第五章 上司といい関係を築く ……130
◎直属の上司との関係ほど重要な人間関係はほかにないと言ってよい。だから新任リーダーはどうしたら上司といい関係を築けるかを会得し、上司が過大な期待を抱かないようコントロールする必要がある。〈五つの対話テーマ（現状認識、期待、スタイル、経営資源、能力開発）〉をじっくり話し合い、お互い誤解がないようにしておこう。上司と健全な関係を築き共通の理解に達することは、移行期の重要な目標である。

第六章 組織をデザインする ……160
◎社内での地位が上がるにつれ、組織設計も仕事の一つになってくる。戦略を掲げ、戦略に適った組織を設計し、システムを整え、必要なスキルを開発する。高い地位にあるリーダーは、アーキテクトでなければならない。

第七章 人事を固める ……188
◎前任者から部下を引き継ぐ場合、彼らを的確に評価し、状況にふさわしい配置を考えなければならない。早い段階で人事に関して厳しい決断を下す意思があり、しかも正しい選択をする能力を備えていることは、移行期をうまく乗り切るうえで最も重要な要素である。望ましい人材で足元を固めるためには、組織的かつ戦略的な取り組みが必要だ。

第八章　ネットワークをつくる……218

◎新しい職場で成果を上げるためには、ラインに属さない人にアピールする能力がモノを言う。社内・社外を問わず「助っ人」のネットワークは貴重な存在だ。昇進が決まったらすぐ、新しい仕事ではどんなサポートが必要かを考え、人脈作りにとりかかろう。

第九章　上手にバランスをとる……238

◎移行期には公私ともに環境が激変する。上手にバランスをとり、健全な判断力をなくさないよう努力しよう。自分を見失い、孤立し、誤った判断を下す危険性は、移行期にはかなり高くなる。しかし移行期を上手に乗り切り気持ちよく仕事のできる環境を整えるために、あなたにできることは意外に多い。「お抱え」アドバイザーをみつけることも、その一つである。

第一〇章 全社的なサポート体制を整える……264
◎リーダーは自分の移行期を乗り切るだけでなく、部下もスムーズに移行期を卒業できるよう手を貸してあげたい。部下がはやく本領を発揮すれば、上司であるあなたの仕事もうまくいく。それだけでなく、社員の移行期がすべてスピードアップすれば、会社全体が被る恩恵は計り知れない。

終章 溺れるリーダーをつくらない……277

原注……283
著者推薦文献……289
訳者あとがき……291

はじめに

リーダーが存在する限りリーダーの昇進や異動があり、それに伴って必ず移行期がある。そのたびにリーダーがさまざまな課題に直面するのは大昔から変わりがない。だが企業組織が複雑化しビジネスのサイクルが短くなるにつれ、課題は一層厳しいものになってきた。こうした事業環境では、昇進先の新しいポストのことがよくわからないと不安に思うのは、すこしも珍しいことではない。

本書は昇進した管理職のために、最初の九〇日を乗り切るロードマップを示す。本書を執筆したのは、移行期が新任リーダーにとって非常に重要な時期だと考えたからである。この時期には、些細なことが将来に重大な影響を及ぼす。最高経営責任者（ＣＥＯ）からチーム・リーダーまで、どんなレベルの管理職も、移行期の数カ月間は無防備である。直面する課題に立ち向かう準備がまったくできておらず、どうすればうまく乗り越えられるかもわかっていない。そのうえ親身にアドバイスをしてくれるような人脈も持ち合わせていない。移行期に部下からやる気を引き出し目標に向かう士気を高められないと、その後の在任期間中ずっと苦労することになる。この時期に信頼を勝ちとり何らかの成果を上げておくことは、長期的な成功につながる第一歩と言えるだろう。

本書では移行期を迎えたリーダーのためのフレームワークを紹介するが、これは、ダン・チャンパとの共著〝Right from the Start〟(Harvard Business School Press 1999)で行った研究成果の延長線上にある。なかなか実り多い研究だったと自負しているが、やや足りない面があることは否めない。第一に、移行期をスムーズに乗り切るノウハウはあらゆるレベルの管理職が身につけておくとよいものだが、〝Right from the Start〟の対象は主に経営幹部である。同書で紹介したアドバイスのほとんどは誰にでも応用できるけれども、どれがエグゼクティブ向けでどれが万人向けなのか、いまひとつはっきりしない。私としては、あらゆるレベルの管理職に役立つような、より柔軟なフレームワークを提示したかった。また、上司との関係、部下の評価、組織戦略など、もっと深く掘り下げたいテーマもあった。

第二に、移行期にはさまざまな状況があり、その点を詳しく研究して新任リーダーが状況に応じた戦略を立てられるようにしたかった。新事業を立ち上げるプロジェクトのマネジャーになるのか、好業績部門を引き継ぐのかによってリーダーの仕事は大きく異なる。また、社外から引き抜かれてきた人と社内で昇進した人とでは直面する課題が違ってくる。つまり移行期の戦略は状況によって変わってくるということだ。

そして第三に、移行期を組織的にバックアップする効果についても研究したかった。貴重な人材が移行期に悪戦苦闘しているというのに、組織として何らかの対策を講じている企業があまりに少ないことに私はショックを受けた。移行期はキャリアのなかで非常に重要な節目である。なぜ企業は前途有望な人材を背の立たないところに放り込み、泳ぐか溺れるかプールサイドで傍観しているのだろう。新任リーダーが新しいポストで早く実力を発揮できるようになったら、企業全体にとって計り知れないメリットがあるというのに。

三年間にわたって私はこれらの問題に取り組んできた。さまざまなレベルの管理職について移行期を研究し、大企業のために移行期のマネジメント・プログラムを設計したり、新任管理職のためのオンライン・ツールを開発したりした。こうした研究の成果をまとめたのが本書である。

本書を読んでくださるのは、新しいポストで移行期を迎えた人が多いかも知れない。この本を読んで移行期を乗り切るノウハウを身につければ、新しい職場でのびのびと力を発揮し、早く目標に近づくことができるだろう。新しい職場で遭遇する状況を正確に診断し課題と機会を見抜く、自分自身の能力を冷静に見きわめ弱点に気づく、新しい職場について効率的に学習する、組織設計のポイントを押さえる、部下を評価し、人脈をつくり、自分自身のバランスをとる——本書を通じてこれらをマスターしていただければ幸いである。まずは通読し、ぜひ読者自身の〈九〇日プラン〉を立ててほしい。そうすれば、きっと思っているよりもはるかにスムーズに移行期を乗り切れるにちがいない。

マイケル・ワトキンズ

謝辞

本書を〝Right from the Start〟の共著者であるダン・チャンパに捧げる。リーダーの移行期に関心を向けさせてくれたのはダンだった。〝Right from the Start〟でダンは数多くの重要なアイデアを出し、実例を提供し、結果的に本書の土台を築いてくれた。幹部に昇格したリーダーが直面するさまざまな課題をダンは深く理解しており、いまでも有益な助言をしてくれる。リーダーにとってダンは優秀なカウンセラーであり、また得難い友人でもある。

本書はまた、ジョンソン・エンド・ジョンソンとの共同研究から生まれたものでもある。〝Right from the Start〟の発表直後に同社の経営教育開発部（ＭＥＤ）のイナキ・バスタリカ元部長からオファーがあり、共同研究がスタートした。さらにロン・バセルト部長は、移行期のリーダーを対象とするフォーラムやプログラムの開発に惜しみなく力を貸してくれた。シャロン・ダグノスティーノ、ビル・ディアリスティン、マイク・ドーマー、コリン・ゴッギンス、ジム・レネハン、デニス・ロングストリート、ビル・マッコン、パット・マチュラー、クリスティーヌ・プーン、ピーター・タトル、ビル・ウェルダンを始めとするリーダーたちに紹介してくれたのも、ロンである。私が講師を務めたプログラムに熱心に参加してくれたジョンソン・エンド・ジョンソンのリーダーの皆さんにも礼を言いたい。

本書には、オンライン・ツール〝Leadership Transitions〟を補う意図もある。このソフトウェアはハーバード・ビジネス・スクール出版（HBSP）と共同開発したもので、この経験を通じて私は移行期に対する自分の考えを一段と明確にすることができた。HBSPのeラーニング・グループ、とくにミッシェル・バートン、サラ・カミンズ、イアン・ファントン、トリシュテン・パトリックには心から感謝する。

なお本書の基礎となった研究は、ハーバード・ビジネススクールの研究部から資金提供を受けている。主任研究員であるテレサ・アマビル、キャスリーン・マッギンにはとりわけ感謝する。本書も、また私の他の研究も、ハーバード・ビジネス・スクールの交渉・組織・市場担当部署からの励ましがなければ到底完成しなかっただろう。とくにジョージ・ベイカー、マックス・バザーマン、ナンシー・ボーリユー、マル・サルター、ジム・セベニアス、マイケル・ウィーラーにはありがとうを言いたい。またリーダーの移行期について示唆に富むアイデアを出してくれたジャック・ギャバロとリンダ・ヒルにも。

最後に本書をよりよいものにしてくれた学部助手のメアリー・アリス・ウッド、研究助手のユシャ・サクラール、そして編集者のアン・グッドセルに心から感謝申し上げる。

序章

最初の九〇日

アメリカでは、新任の大統領は実力を発揮できるようになるまで一〇〇日間の猶予がもらえる。新任リーダーに与えられる猶予は九〇日、つまり三カ月だ。この最初の九〇日で、その後の成功と失敗のほとんどが決まってしまう。社内で昇進した場合でも、社外から登用された場合でも、新しい職場、新しい地位に根を下ろすまでの移行期はチャンスに満ちた期間だ。新しい気持ちでスタートし、古いやり方をどしどし変えることができる。だがこの期間はまた、ひどく失敗しやすい時期でもある。まったく新しい人間関係の中に放り込まれるうえ、自分の任務についてもわからないことが多い。最初につまずくと、立ち直るまでに相当苦労しなければならないだろう。

新米リーダーにとって、最初の九〇日の意味は重い。失敗すれば、輝かしいキャリアに終止符が打たれてしまうかも知れない。けれども成功すれば、未来への扉が開かれる。残念ながら、失敗するリーダーは少なくない。たいていは最初につまずき、それが尾を曳いて悪循環に陥ってしまう。なんとか大失敗をせずに生き残っても、自分の潜在能力に気づかず、その後に伸び悩むタイプも多い。管理職の大多数がこんな状態では、会社の将来にとって大いに不安ではないだろうか。

本書は管理職に昇進した新米リーダーの失敗を未然に防ぎ、最初の九〇日をスムーズに乗り切る一助にしたいと願って書いたものである。移行期間を早く「卒業」し新しい仕事をうまく進めていくためのヒントを多数掲げた。社長からチーム・リーダーまで、どんなレベルの管理職にも役立つと自負している。移行期を上手に乗り切れたら、その後は懸案事項の解決や新しい機会の活用に全力投球で臨めばよい。昇進したてのリーダーの目標は、できるだけ早く「ブレークイーブン・ポイント」に到達することである。ブレークイーブン・ポイントとは、経営用語で言う損益分岐点、すなわち新米リーダーの戦力がマイナスからプラスに転じる時点を意味する（コラム「ブレークイーブン・ポイント」参照）。移行期間を一分短縮できれば、ブレークイーブン・ポイントに一分早く到達できる。

図0-1 ブレークイーブン・ポイント

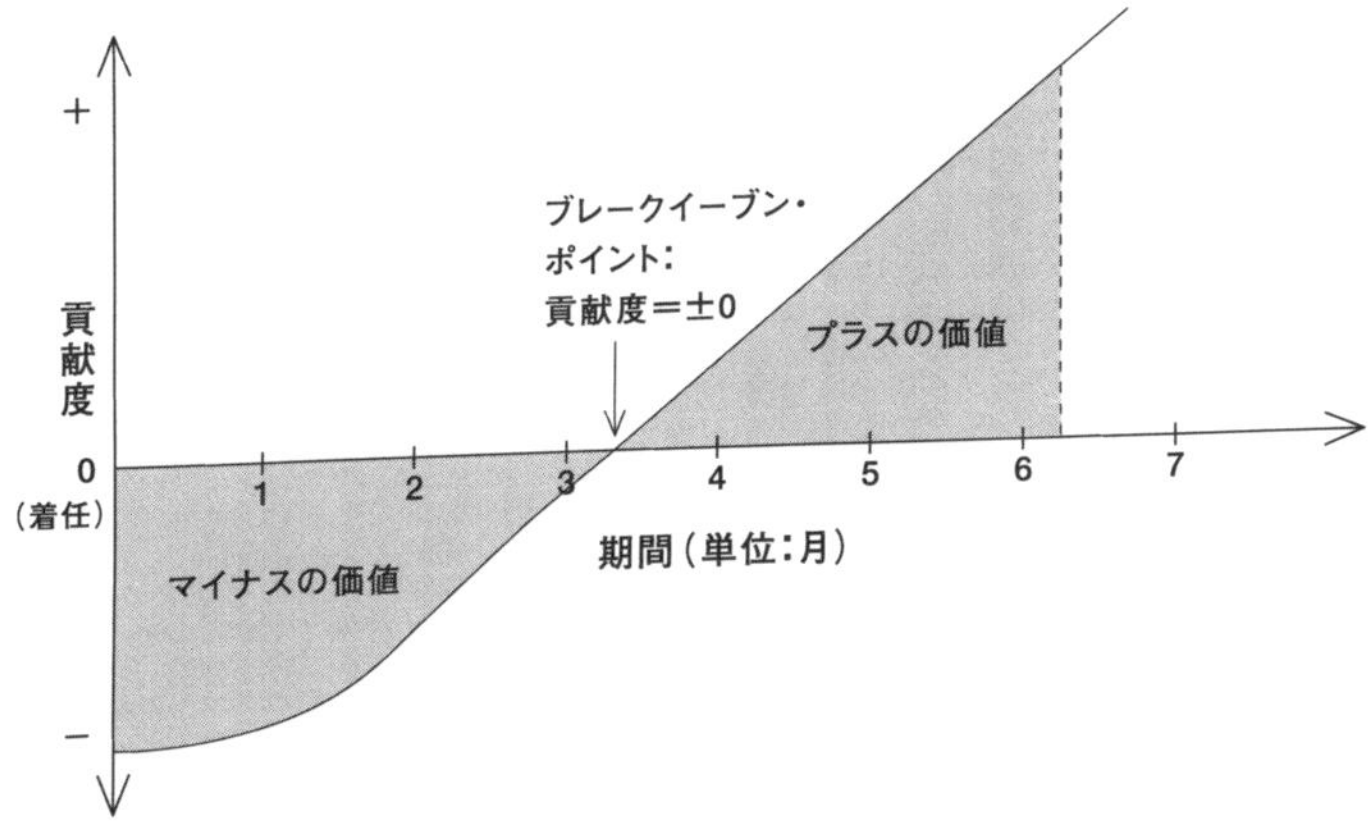

●ブレークイーブン・ポイント

ブレークイーブン・ポイントとは、新任リーダーの貢献度がマイナスからプラスに転じる時点を意味する。図0-1に示すように、着任早々の新任リーダーの貢献度は、トータルでみればマイナスである。つまり右も左もわからない新任リーダーは、会社にとっては「お荷物」なのだ。けれども学習を積み適切な行動をとるようになると、次第にプラスの価値を生むようになる。そしてブレークイーブン・ポイントに達した後は貢献度がプラスに転じ、（願わくば）次第に増えていく。二一〇社のCEOと社長に、自社の平均的な中間管理職がブレークイーブン・ポイントに到達するまでの期間を推定してもらったところ、回答の平均は六・二カ月だった（原注1）。移行期戦略の目的は、この期間を短縮することにある。移行期中の管理職全員がこれまでより一カ月早くブレークイーブン・ポイントに到達するとしたら、会社全体にとって大いにプラスになるにちがいない。

最初の九〇日がこれほど大切であるにもかかわらず、新米リーダーのための手引書の類は驚くほど少ない。リーダーシップについての本や論文は多数あるが、昇進直後の移行期を取り上げたものはほとんどない(原注2)。また組織改革について論じた多くの著作でも、改革の先頭に立つリーダーは既に組織になじんでいること、つまり改革を計画し、支援を取り付け、実行するための知識や人脈を備えていることが暗黙の了解となっている。

だが現実には改革を推進するときには人も交代し、改革と新任リーダーの移行期とが同時進行することが多い。こうした理由から、リーダーシップに関する多くの本の不足を補いたいと考えて本書を執筆するにいたった。リーダーの移行期と組織の改革とを関連づけ、昇進後の九〇日に遭遇する課題にどう取り組んだらいいか、設計図を示すことも本書の狙いの一つである。

移行期に関する五つの考察

私はこれまで新任リーダーの試行錯誤を観察し、移行期をスムーズに乗り切らせるさまざまな方法を実験してきた。その結果、移行期特有の難しい課題は何か、それを克服するにはどうしたらいいかについて私なりの考えを持つようになった。ここでそれを五項目にまとめておこう。これらは移行期に関する私の研究、すなわち本書のテーマそのものの出発点である。

第一に、新任リーダーが移行期につまずくのは周囲の状況と本人の長所・短所が重なって失敗要因が増幅されるからであって、決して本人だけのせいではない。失敗した新任リーダーも、昇進するだけの実績を過去には上げていたのだ。また私のみるところ、誰もが立ち往生するような苛酷な状況というものはそう多くはない。ある人が不首尾に終わった場面より難しい局面を別の人が見事に乗り切ることもよくある。むしろ失敗は、状況を読み誤ったとき、対処する能力や融通性に欠けていたときに起きている。

第二に、失敗の可能性を減らしブレークイーブン・ポイントに早く到達するための体系的な方法は必ず存在する。社長からチーム・リーダーまであらゆる管理職に通用する普遍の法則を開発しようと奮戦していた頃、ある経験豊かなベテランからそんなことは不可能だと言われたことがある。「移行期には一つとして同じものはない」というのがその理由だった。たしかに細かい点をみれば移行期はどれも違う。だが高い視点から俯瞰すると共通の特徴がみえてくるし、陥りやすい落とし穴にも共通性があることがわかる。たとえば法務部長から取締役に昇進したら、専門分野へのこだわりを捨てなければならない。現場の営業マンから管理職に昇進した場合も同じである(原注3)。また新米リーダーが直面する状況にしても、一見すると千差万別だが、そこには必ず共通点もある。早い段階で成果を上げるのが大切なことは、CEOにもチーム・リーダーにも共通だ。そして状況に応じて戦略を立てることは、どんなリーダーにとっても大原則である。こうした点を踏まえ、本書ではブレークイーブン・ポイントに早く到達するためのさまざまな法則を紹介していく。

第三に、移行期で何より大切なのは高い目標に向かって走り出す好循環を生み出すことであり、信用を失うような悪循環を絶対に起こさないことである。「リーダーシップとはテコである」というのが私の持論だ。リーダーは一人の人間に過ぎないが、テコとなって大勢の力を生かせば、大きな成果を上げることができる。リーダーの理念、能力、意欲が組織全体を望ましい行動へと駆り立てる。しかし、逆の結果になることも少なくない。最初の行動を誤って孤立したり、信用をなくしたり、部下に離反されたりする。こうなると悪循環にはまり、組織の「免疫システム」が働いて新任リーダーはウイルスのように拒絶され、追いつめられ、最後は締め出されてしまう。

第四に、移行期はリーダー育成のまたとない機会であり、このことを肝に銘じて昇進したばかりの人材を育てるべきである。この時期には判断力が培われ、人間的にも成長する。また状況に順応する力、粘り強さなども鍛えられる。業種や規模の大小を問わずどんな企業でも、前途有望なリーダーに移行期を経験させることは能力開発上きわめて大切だ。マッキンゼーが The War for Talent（『ウォー・フォー・タレント―人材育成競争』）のための調査のなかで、企業の上級幹部二〇〇人を対象に、自分の成長に役立った貴重な経験を五つ挙げてもらったことがある（原注4）。すると、どれも何かしら移行期に関わっていることがわかった。上位五項目は次のとおりである。

・責任の重い地位への昇格
・事業の方針転換
・新事業の立ち上げ
・重要なプロジェクトへの参加

・国外転勤

しかし移行期が能力開発の好機だからといって、前途ある人材をいきなり背の立たないところへ放り込み、泳ぎ切るも溺れるも本人次第というのは無責任だ（実際には多くの企業がそうしているが）。水泳と同じく、移行期を乗り切るのも学習可能な能力である。移行期を迎えた人にうまく泳ぎ切る方法を教えることは十分可能であり、そうすれば、あたら優秀な人材を溺死させずに済む。

第五に、移行期をスムーズに乗り切るための標準的なノウハウを備えておくことは、企業にとって大きなメリットがある。フォーチュン五〇〇社に限っても、毎年五〇万人以上のマネジャーが昇進あるいは異動する（原注5）。しかもそれぞれの移行期は周囲の人間に多大な影響を及ぼす。となれば、社員が移行期について共通認識を持つことはきわめて有意義ではないか。たとえば上司といい関係を築きたいときにどんなふうにしたらいいか、定石を知っていたらきっと役に立つにちがいない。新しい職場について何を学ぶ必要があるのか、緒戦で勝利を収めるにはどうしたらいいか、人脈づくりのポイントは……等々を全員がわきまえていれば、移行期に対して企業全体としてすみやかに対応できるようになるだろう。つまり移行期をうまく乗り切るためのきちんとしたノウハウがあれば、企業の利益改善にもつながるのである。

移行期は企業にとってなぜ大切か

五つの考察のうち最後の項目、すなわち移行期と企業の関係について、ここでもうすこし詳しく取り上げたい。新任リーダーができるだけはやくブレークイーブン・ポイントに到達することが、ひとり本人にとってだけでなく会社にとっても望ましい理由を説明しよう。

フォーチュン五〇〇社の場合、毎年管理職の四分の一近くが異動する（原注6）。つまり管理職の在任期間は平均四年ということになる。中間管理職クラスで幹部候補の場合にはその期間はさらに短く、二年半から三年である。彼らは短い期間で次々に昇進してキャリアを形成していく。昇進すれば当然移行期を迎え、その出来不出来は在任期間全体を決定づけるだけでなく、キャリア全体にも少なからぬ影響を及ぼす。

会社にしてみれば、有能な人材を上に引き上げ、より多くの責任を持たせ、能力を開発したいのは当然である。またそうしなければ、有能な人材ほど競争相手に引き抜かれてしまうだろう。だが頻繁な異動や昇進には代償が避けられない。新任リーダーがブレークイーブン・ポイントに到達するまでには時間がかかるのに、現場では習熟するまで気長に待つ時間的余裕がほとんどなく、不慣れゆえのミスを寛容に許すゆとりもない。

しかも移行期のまっただ中にいる新米リーダーの回りには、影響をこうむる人間――直属の部下、上司、同僚――がわんさといる。社長とCEOを対象に行ったある調査によると、お粗末な新任リーダーのとばっちりを受けて人事考課が下がった周囲の人間の数は、平均して一二・四人に達するという(原注7)。移行期にある管理職の回りの人間も、同じく移行期に巻き込まれると考えた方がいいだろう。

さらに難しいのは、社外から人材を登用した場合である。新しい発想や刺激を注入するためには、どんなにうまくいっている会社でも、ときに新しい血を入れることが望ましい。しかし、社外から採用された新任リーダーの失敗率は高い。複数の調査によると、社外から来た上級管理職の四〇～五〇%以上が期待された結果を出すにいたらなかった(原注8)。エグゼクティブ・クラスの人材登用に失敗すると、直接・間接の損失は一人当たり二七〇万ドルに達するとも言われる(原注9)。

人事採用担当者によれば、社外からの採用は社内の抜擢より「はるかに難しい」(原注10)。次の理由から、高い失敗率は移行期と深い関係があると考えられる。

・社外の人間は会社の組織構造に慣れておらず、いわゆる「裏」の人脈や情報ネットワークを活用できない。
・社外の人間は企業文化に慣れておらず、なじむまでに時間がかかる。
・社外の人間は始めのうち「異星人」のような存在なので、社内の人間ほどたやすく信頼を獲得できない。

・社内の昇格が慣例になっている企業の場合、まれに外部から採用すると、異質な人間を扱いかねるケースがよくある。

新しい職場で失敗するのは、もちろん新任リーダー本人にとってキャリアの終わりを意味しかねない深刻な事態である。だがリーダーの不首尾は —— 重大な過失であれ、単に期待に背く凡庸な成績という程度であれ —— 会社にとっても高くつく。社内での昇格にせよ、社外からの採用にせよ、全員がうまく移行期を乗り切れば、全社的な業績に大きく貢献できるだろう。

こうしたわけだから、リーダーの移行期に配慮している企業がほとんどないのは、じつに意外と言わざるを得ない。私はかつて新任リーダー教育プログラムを担当したとき、集まった全員にこれまでの異動・昇進の回数と今後予想される回数を書いてもらったことがある。そこにいたのは三〇人ほどだったが、なんとどちらの質問に対する回答も、合計すると一五〇回以上というものだった。それなのに、移行期の対処法といった研修はこれまで一度も受けたことがないと言う。

だから新米リーダーたちは、みな自分なりの方法を編み出すしかない。せっかく彼らが身につけたノウハウを共有できないとすれば、会社にとっては大いなる損失だ。しかし貴重な経験が組織学習の形で生かされている会社はごくまれである。また昇進する当人にとっても、次はまったく違う条件の昇進を体験するケースが多く、過去の経験を必ずしも次に生かせるわけではない。

移行期を乗り切る知恵を共有できれば、それは会社の貴重な財産となるだろう。新米リーダーのせいで組織が混乱をきたすリスクを減らせるだけでなく、リーダー全員の移行期を会社として上手に管理できるようになるので、優れた人材を見きわめ、定着させることにもつながる。水泳の素質を見きわめたいとき、いきなり深いところへ放り込む人はいないだろう。まずは水に慣れさせ、泳ぎ方を教えるはずだ。そうしているうちに、素質のある選手はおのずと光ってくる。同じように、移行期をスムーズに乗り切ることも修得可能なスキルである。新米リーダーの成功が、たまたまよき指導者に巡り会ったとか、たまたま自分が得意とする環境に置かれたという理由によるのでは困る。ましてや、たまたま条件が外れて失敗するというのではもっと困るだろう。有能なリーダー集団を豊かに花開かせるためには、まずは対等の条件を用意してあげなければいけない。

新任リーダーのための移行期戦略

移行期を乗り切るための役に立つアドバイスを、新任リーダーがあまりしてもらえないのはなぜだろうか。理由の一つは、移行期の実態が多種多様だからである。どの場合にも当てはまる万能の法則は存在せず、あるケースで有効なアドバイスも別のケースでは役に立たない。たとえば次のような移行期を考えてみよう。それぞれのケースでは、どうなれば「合格」か。また移行期間中にクリアすべき最低条件は何だろうか。

マーケティング部門内での昇進 ⟷ マーケティング部門から他部門の部長への昇進
同じ会社のなかでの昇進 ⟷ 他社の高い地位への転職
専門職からライン・マネジャーへの異動 ⟷ その逆
深刻な問題を抱える部門への異動 ⟷ とくに問題のない好業績部門への異動

このように、移行期を取り巻く状況はまちまちである。たとえば社内で重要な部門へ異動するのか、その逆なのか。社内の昇格か、社外からの登用か。大きな権限が与えられるのか、そうでないのか。不振の部署へ行くのか、好調な部署なのか(原注11)。移行期戦略には、こうした要素を反映させることが肝心である。

つまり新任リーダーに必要なのは、職場の状況、組織内での位置づけ、そして本人の経験や知識に配慮した実践的なアドバイスなのだ。これこそが本書を書いた大きな目的である。本書では、昇進したての管理職が状況を的確に診断し自分なりの〈九〇日プラン〉を立てるためのフレームワーク――大きな骨組みを提供する。

こうしたフレームワークがいかに有効か、新しい部署に突然送り込まれた新米リーダーの立場で考えてみよう。新しい職場はどんな問題点を抱えているのか、有望な機会はどこにあるのか。

当面の仕事について新しい上司や直属の部下の了解を得るにはどうしたらいいか。状況を診断し体系的に計画を立てるノウハウが何もないと、気の毒な新米リーダーは右往左往することになるだろう。上司や部下から誤解されたり、まぬけの烙印を押されないとも限らない。最後はいい関係になれたとしても、それに時間やエネルギーをとられすぎ、大きなチャンスを逃したり、思いがけない失敗をしでかすかも知れない。

反対に、これから直面するのがどんな状況なのかを早いうちに教えてもらえたら、どれほどありがたいだろう。また移行期にはどんな難しい問題があり、どんな状況にはどんなチャンスが潜んでいるのか、アドバイスがもらえたら心強いにちがいない。

状況診断については、第三章に詳しく説明した。これらのノウハウを活用すれば、新米リーダーでもすみやかに現状を把握でき、さしあたり何をすればいいか策を練りやすくなるだろう。そしていつまでも「異星人」のままではなく、上司や部下と共通の視点を持てるようになる。大企業の社長にも少人数のグループのリーダーにも、本書のアドバイスはきっと役に立つと信じる。

だから、勇気を持って移行期に立ち向かってほしい。困難な課題も、裏返しにみれば有望な機会である。課題にどう対処するかを示すアドバイスは、機会をどう生かすかのアドバイスにほかならない。重要なのは状況を的確に診断し、それにふさわしい原則を適用することである。

本書の構成

本書では、新任リーダーが九〇日の移行期を上手に乗り切るためのポイントを次の一〇の視点から論じていく。

第一章　スイッチを切り替える

これまでの職場に別れを告げ新しい仕事に気持ちを向ける。これまでの手腕が認められたのだからそのやり方を続ければいいと考えるのは、大きな誤りである。過去の業績にいつまでも執着して失敗した例は少なくない。

第二章　謙虚に効率よく学習する

できるだけ効率よくいろいろなことを学習し、新しい職場、新しい仕事に早く慣れる。市場を知り、製品や技術を知る。それだけでなく、職場の習慣や組織、文化、人間関係も理解する必要がある。新しい職場に慣れ親しむのは根気のいる仕事だ。まず何から学ぶべきか優先順位を考え、無駄なく効率的に進めよう。

第三章　状況を診断し戦略を立てる

移行期をうまく乗り切る魔法の秘訣は、残念ながら存在しない。いま直面しているのはどんな状況か診断し、課題と機会をみきわめることが大切である。たとえば〈新製品を発売する〉〈新事業を立ち上げる〉といった状況は、〈製品に欠陥が発見された〉〈事業が経営不振に陥った〉という状況とはまったく違う。状況を的確に診断できてはじめて、有効な計画を立てることができる。

第四章　緒戦で勝利を目指す

着任後早い時期に成果を上げられれば、周囲の信頼を勝ちとり移行期をスムーズに乗り切れるようになる。緒戦の勝利は職場に活気を与え、「何か新しいことが始まる」という期待感を高める。新任リーダーは、できるだけ着任後数週間以内には職場で認めてもらうチャンスをみつけたい。それを突破口にして九〇日の間に業績を改善し、価値を創出し、ブレークイーブン・ポイントに到達する。

第五章　上司といい関係を築く

直属の上司との関係ほど重要な人間関係はほかにないと言ってよい。だから新任リーダーはどうしたら上司といい関係を築けるかを会得し、上司が過大な期待を抱かないようコントロールする必要がある。大事な問題をじっくり話し合い、お互い誤解がないようにしておこう。上司と健全な関係を築き共通の理解に達することは、移行期の重要な目標である。

第六章　組織をデザインする

社内での地位が上がるにつれ、組織設計も仕事の一つになってくる。戦略を掲げ、戦略にかなった組織を設計し、システムを整え、必要なスキルを開発する。高い地位にあるリーダーは、アーキテクトでなければならない。

第七章　人事を固める

前任者から部下を引き継ぐ場合、彼らを的確に評価し、状況にふさわしい配置を考えなければならない。早い段階で人事に関して厳しい決断を下す意思があり、しかも正しい選択をする能力を備えていることは、移行期をうまく乗り切るうえで最も重要な要素である。望ましい人材で足元を固めるためには、組織的かつ戦略的な取り組みが必要だ。

第八章　ネットワークをつくる

新しい職場で成果を上げるためには、ラインに属さない人にアピールする能力がモノを言う。社内・社外を問わず「助っ人」のネットワークは貴重な存在だ。昇進が決まったらすぐ、新しい仕事ではどんなサポートが必要かを考え、人脈づくりにとりかかろう。

第九章　上手にバランスをとる

移行期には公私ともに環境が激変する。上手にバランスをとり、健全な判断力をなくさないよう努力しよう。自分を見失い、孤立し、誤った判断を下す危険性は、移行期にはかなり高くなる。しかし移行期を上手に乗り切り気持ちよく仕事のできる環境を整えるために、あなたにできることは意外に多い。「お抱え」アドバイザーをみつけることも、その一つである。

第一〇章　全社的なサポート体制を整える

リーダーは自分の移行期を乗り切るだけでなく、部下もスムーズに移行期を卒業できるよう手を貸してあげたい。部下が早く本領を発揮すれば、上司であるあなたの仕事もうまくいく。それだけでなく、社員の移行期がすべてスピードアップすれば、会社全体がこうむる恩恵は計り知れない。

ここに挙げた一〇の課題をクリアできれば、移行期は見事に卒業である。だが一つでもつまずくようなら、将来に禍根を残すことになるだろう。

次章からは、それぞれの課題に取り組むための実践的なアドバイスをしていく。どうやって状況を診断し行動プランを立てるか、いま現在の地位や状況とは関係なく学んでいただけることと思う。きっと自分なりの〈九〇日プラン〉を立て、自信を持って新しい職場に臨めるようになるだろう。

この本は、CEOからチーム・リーダーまであらゆるレベルの新任リーダーのために書いた。移行期をスムーズに乗り切る大原則は、どのレベルにも共通である。ただし本書に掲げた一〇の課題が持つ重みは、立場や時期、状況によって変わってくる。CEOを始めとする経営幹部であれば、組織の設計や人事、人脈作りが大切になってくるだろう。中間管理職やチーム・リーダーなら、上司との関係やアドバイザー・ネットワークの形成が重要だ。そして新しい職場に早く慣れ、早い段階で成果を上げ、信頼を勝ち得ることはどんなレベルのリーダーにも欠かせない。このため本書では、「定石」を自分なりに嚙み砕いて戦略に生かすためのヒントも多数掲げた。移行期間中はときどき本書を読み返し、そのとき直面している状況にはどのアドバイスが役に立つかチェックしてほしい。また状況に合わせて柔軟にアレンジするのも大歓迎である。

第一章 スイッチを切り替える

第一章に登場する新任リーダーは、ジュリア・グールド。テキサス州に本社を持つ、ある中堅家電メーカーのマーケティング部門で働いている。ジュリアは入社八年目にしてチーム・リーダーに指名され、その後の昇進ぶりは目覚ましい。頭が切れるし、集中力があって意志も強い。みるみる頭角を現し、出世階段を駆け上ってきた。会社では幹部候補生と認められている。まさに前途は洋々である。

そして初の大役が回ってきた。新製品開発プロジェクトのプロジェクト・マネジャー。それも、会社が最も力を入れている製品の一つである。ジュリアは、マーケティング、営業、研究開発、製造の各部門から選り抜きのスタッフで編成された部門横断型チームを一任された。チームは研究開発と製造部門をコーディネートしてスムーズに生産を開始させ、販売体制を整え、すみやかに市場に投入するために全力を尽くす。

だがジュリアは、スタート早々でつまずいてしまった。彼女がマーケティング部門で高い評価を受けてきたのは、きめ細かい目配りのおかげだった。管理職として采配を振ることに慣れていたジュリアは、規律を好み、どちらかと言えば細かいことまで口出しするタイプである。このスタイルでプロジェクトに臨んだとき、チームの面々は最初こそ黙っていたものの、やがて盾突くメンバーが次々に現れる。いったいあんたに何がわかるんだ、俺たちに任せておけよ、と言わんばかり。いたく傷ついたジュリアは、ますます自分の得意分野であるマーケティングに没頭するようになった。しかしチームの中でマーケティング・スタッフだけを特別扱いすれば、彼らは浮いてしまう。結局彼女は二カ月足らずでマーケティング部門に戻され、プロジェクト・チームは別の人が引き継いだ。

ジュリアの失敗は、一点集中型のスペシャリストから部門横断型のプロジェクト・マネジャーに脱皮できなかったことが原因である。マーケティング部門で高く評価された自分の強みが、新しい役割ではむしろマイナスに作用することに気づかなかった。そもそもプロジェクト・マネジャーは、直属の上司という権限を持たない微妙な立場である。専門外の分野も引き受けなければならない。だがジュリアは自分の得意分野の殻を破れなかった。マーケティングなら自信もあり指導力も発揮できたが、プロジェクト・マネジャーとしてリーダーシップをとることはとうとうできなかった。過去の栄光にしがみつき新しい任務に正面から取り組まなかったせいで、上に昇るチャンスをみすみす取り逃がしたのである。

ジュリアはどうすればよかったのだろうか。きっぱりと気持ちを切り替え、新しいポスト、新しい任務に臨めばよかった。つまり肩書だけでなく意識も昇進させるべきだった。これは、初めてリーダーに任命された人が必ず直面する課題である。といっても、何も派手な演出をするには及ばない。これまでのことはひとまず忘れて新しい役割に目を向け、新しい状況で求められる条件を真摯に受け止めてスタートを切る――大切なのは、それだ。なかなか難しいけれども、絶対に避けては通れないことである。将来を嘱望されながら、昇進時に意識転換ができずに敗退する例は、残念ながらけっして珍しくない。

これまでの手腕が認められたのだからそのやり方を続ければいいという思い込みも、新任リーダーにはよくみられる。「能力や実績を評価されて昇進したのだから、新しいポストでも同じ能力を発揮すればいい」――そう思いたくなるかも知れないが、それは違う。また「君子危うきに近寄らず」とばかり未知の分野に手を出さないやり方も、ごく短期間しか通用しない。知識があって仕事ができれば優れたリーダーというわけにはまいらない。遅かれ早かれ、リーダーに求められるのはもっと幅広い能力であると思い知らされるときが来る。

有能と評される経営者ですら、こうした思い込みの罠から逃れられないようだ。コカ・コーラのダグラス・アイベスターもそうだった。アイベスターが最高経営責任者（CEO）に昇進したのは一九九七年のことである。一九八一年からコカ・コーラを率いて名経営者と称えられたロベルト・ゴイズエタ会長の急死を受けて、アイベスターは後任に指名された(原注1)。しかしたびたび経営判断を誤り、わずか二年後の一九九九年には取締役会の信任を失って会社を去っている。

当初、アイベスターは理想的な後継者にみえた。「コカ・コーラの場合、成功に溺れる心配は無用だ。アイベスター以下、現在の経営陣の面々をみれば、自己満足に陥る可能性はきわめて低い」

と、あるアナリストは書いたほどだ(原注2)。フォーチュン誌も、アイベスターを「二一世紀型経営者の模範」と絶賛している(原注3)。

公認会計士の資格を持つアイベスターは、二〇年のキャリアを積んでコカ・コーラの最高業務責任者(COO)に昇進し、ゴイズエタの右腕となった。そして一九八五年には三七歳の若さで最高財務責任者(CFO)に指名され、翌八六年にはボトリング事業をコカ・コーラ・エンタープライズとして分社化して早くも手腕を認められた。また欧州事業のトップとして初めて経営も任され、八九年には東欧進出の陣頭指揮を執っている。その翌年には米国社長に指名され、一九九四年に本社の社長兼COOに就任した。

だがアイベスターは、COOからCEOに飛躍することができなかった。取締役会から後任COOを指名するよう強く勧告されたにもかかわらず、拒み通す。そして自身が「スーパーCOO」として君臨し、直属の部下一六人から毎日報告を受けた。細心で几帳面なことは財務や業務部門では美徳だが、経営者としてはけっして好ましくはない。アイベスターは日々の仕事に首を突っ込みすぎた。このため戦略やビジョンに十分な時間を割けず、CEOに求められる一国の首相のような役割を果たせなかった。

その結果が、相次ぐ判断ミスとなって現れる。一つひとつは小さなミスも、積もり積もれば信頼の失墜につながる。欧州規制当局への対応がお粗末だったせいでフランスのジュース・ブランド、オランジーナの買収に失敗。結局このブランドは英国キャドバリー・シュウェップスが買収した。一九九九年にベルギーで起きたビン入りコーラの汚染騒ぎでも、責任の所在をうやむやにし、処置を誤ったとみなされている。また人種差別問題でアトランタ本社が訴えられたときも、対応が不適切で事態を悪化させ、有望な取引先をいくつか失った。このほか、既に採算が苦しかったボトリング業者に値引きや在庫積み増しを迫って締め付けたことでも評判が悪い。会社を去る頃には、アイベスターに味方する人はほとんどいなかったという。

アイベスターが失敗したのは、性格的な欠陥が原因だとウォール・ストリート・ジャーナル紙は指摘する。「コカ・コーラのような巨大企業の経営は、オーケストラの指揮と似ている。だがアイベスターは耳が悪かった。数学は得意だったかも知れないが、世界に冠たる大企業を指揮する音楽の素養に欠けていた」(原注4)。

本当にそうだろうか。アイベスターが失敗した真の原因は、彼ができなかったこと、学べなかったことではなく、彼が手放せなかったことのせいではないだろうか。非の打ち所のない経歴が失望と悲劇に終わってしまったのは、一番得意とすることを捨てきれなかったためと考えられる。アイベスターの失敗は避けられなかったのだろうか。そんなことはない。彼はCOOであることをやめ、CEOになりきっていればよかったのだ。

肩書だけでなく気持ちも切り替える

こんな失敗を避けるにはどうしたらいいだろうか。新しい地位への昇進という難事業は、どうしたらうまくやりおおせるだろう。この章では、肩書だけでなく気持ちも昇進させるためのポイントを紹介する。

区切りをつける

前の仕事から次の仕事への区切りは、意外にはっきりしないことが多い。しかも十分余裕をもって正式の辞令がもらえることはめったにない。幸運なケースでは二週間前から引き継ぎができるが、数日の猶予しかないケースも珍しくない。新しい仕事にとりかかりつつ前の仕事を仕上げなければならないこともあるし、後任者が着任するまで両方の仕事をこなすよう命じられることもある。こうなると、新旧の間になかなか一線を画しにくい。

こんなふうに仕事の責任が明確に切り替わらない場合には、自分で自分の気持ちを切り替えるように持っていくことが大切だ。週末などを利用して、昇進して新しいポストに就いた自分を思い描いてみよう。前の仕事を意識的に切り捨て、新しい仕事に没頭する。新旧の違いをはっきりわきまえ、考え方や行動の仕方をどう切り替えたらいいか考えておこう。昇進を祝って家族や友人とささやかなパーティをするのも悪くない。いつも頼りにしている先輩や友人などメンター(指南役)に連絡をとり、アドバイスをもらうのも効果的だ。意識のスイッチを切り替えるのに役立ちそうなことは何でもやってみよう。

計画を立てる

新しい地位への移行期は、自分が候補に挙げられたとわかった時点から始まる(図1-1)。そして実際に着任してから九〇日で移行期は完了する。九〇日あれば、仕事にも慣れ指導力を発揮できるだろう――上司も同僚も部下もそう期待している。

九〇日すなわち三カ月という期限は、もちろん絶対というわけではない。状況によって多少のずれは出てくるだろう。それでも、とりあえずは九〇日をめどに計画を立てるとよい。この〈九〇日プラン〉が立ててあれば、着任直後のせわしないスケジュールのなかで仕事をこなすという厳しい条件にも、うまく対処できるだろう。運がよければ、昇進の可能性があるとわかってから実際に着任するまで一カ月以上の余裕があ

図1-1 三カ月計画を立てる

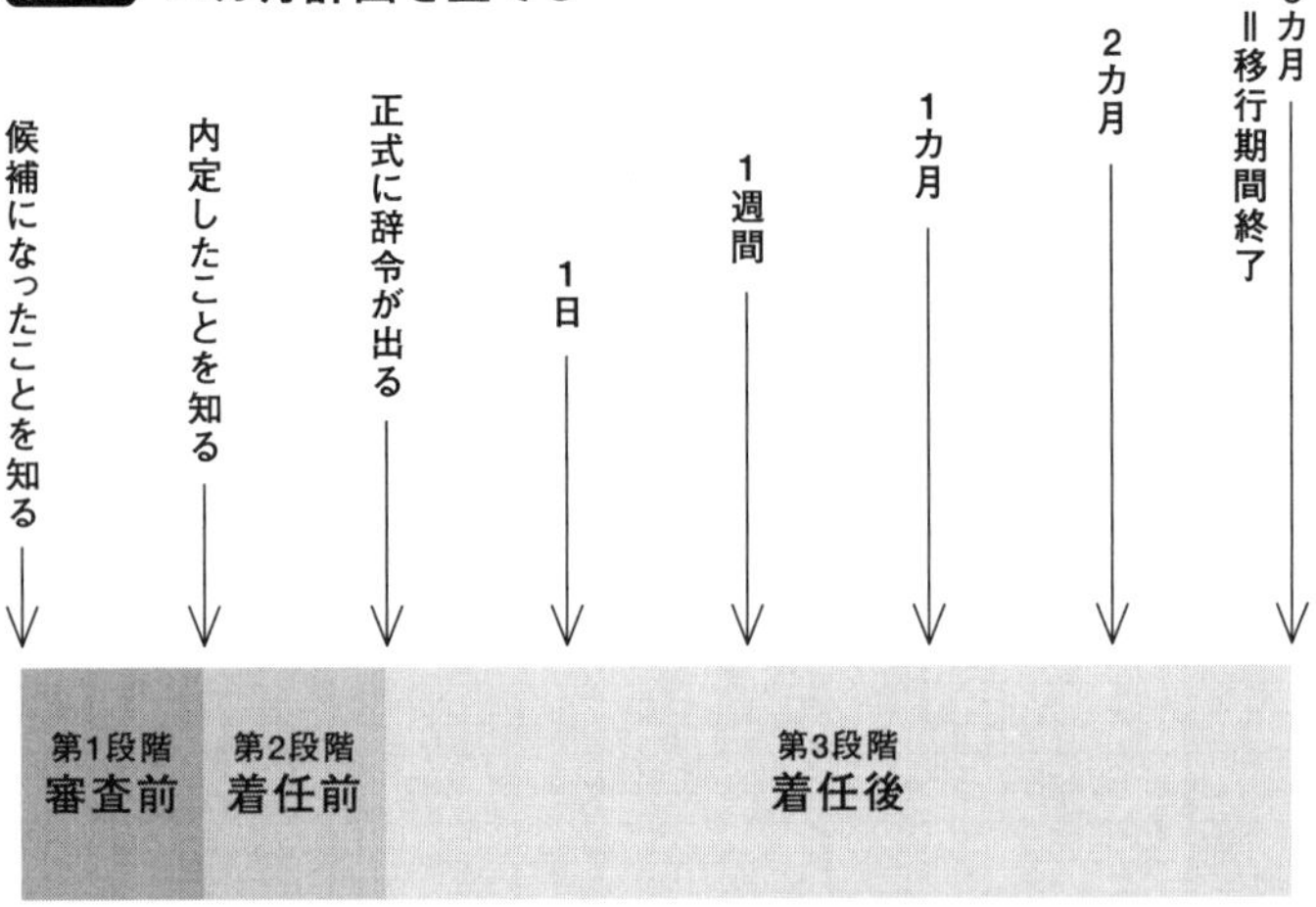

る。この期間を使い、新しい環境について調査を開始しておくことだ。

準備期間が長いにせよ短いにせよ、いつまでに何をしたいか、中間目標を設定していくと計画を立てやすい。なにかと忙しいだろうが、毎日数時間を充てるだけでも大いに効果がある。まずは着任第一日目のことを考える。その日の終わりまでに「これだけはやっておきたい」ことは何だろう。次に、第一週目について考えてみる。それから最初の一カ月。次に二カ月目。そして三カ月。おおざっぱな計画でかまわない。計画を立てるという行為そのものが、あなたの頭をきっとクリアにしてくれる。

弱点を知る

新しい地位に抜擢されたのは、あなたに見込みがあると上層部が考えたからだ。もちろんそのとおり、あなたはたいへん優秀にちがいない。だがジュリア・グールドやダグラス・アイベスターの例からもわかるように、以前に評価された能力や方法に頼りすぎると危い。ある名経営者も、こう語っている——「昇進しても以前と同じやり方で仕事をしたがる人が多い。だが会社が期待するのは、前の職場ではなく今の職場にふさわしいやり方なのだ」。

自分の弱点をはっきり知るために、本書では「選り好み判定テスト」を用意した。いろいろな課題が目の前にあるとき、どこから手をつけたいのかを調べるテストである。どんな人にも好き嫌いはある。ジュリアが意欲を燃やすのはマーケティング、アイベスターは財務と業務だった。

好きな仕事には誰しも一生懸命になるのでどんどんスキルアップするし、問題が起きてうまく対処できれば自信もつく。こうして好きな仕事の能力はますます高まる。だがこれでは、右手ばかり鍛えて左手は放っておくようなものだ。右手は強くなるが左手は萎縮してしまい、両手を使う仕事に対応しにくくなる。このようなアンバランスは好ましくない。

　表1-1に、「選り好み判定テスト」を掲げた。企業でよくあるさまざまな問題が挙げられているので、自分はどの問題に取り組んでみたいか、答えてほしい。たとえば左上の欄には「実績評価・報奨制度の設計」とある。この問題に取り組む意欲や関心があるか、一〇段階で記入する（1＝まったく関心がない、10＝大いにやってみたい）。他の項目との相対評価で点数を決めるのではなく、直観的に食指が動くか動かないか

表1-1 選り好み判定テスト

下表に掲げたそれぞれの問題について、好き嫌いを1～10段階で評価する（1＝まったく関心がない、10＝大いにやってみたい）。

実績評価・報奨制度の設計	社員の行動規範の確立	公平／公正の原則の徹底
財務危機管理	予算編成	コスト・マインドの育成
製品のポジショニング	顧客関係管理（CRM）	顧客重視の意識の徹底
製品／サービスの品質管理	販売店／サプライヤーとの関係管理	継続的改善
プロジェクト管理	研究開発／マーケティング／営業部門の調整	部門横断型の協働

で評価する。能力や経験は度外視し、あくまでも意欲や関心にしたがって点数をつけよう。

テストを終えたら表1-1の点数を表1-2の同じ位置に書き写し、縦横それぞれの合計を出してほしい。

縦の列は、あなたが好きなタイプの問題の性質を表す。左の列は、戦略、市場、テクノロジー、プロセスなどテクニカルな問題。真ん中は人間関係にかかわる問題。そして右の列は価値観、規範、指針など組織文化に関する問題である。

どこかの列のスコアが目立って少なかったら、そこがあなたの弱点と言えるだろう。たとえば左の列のスコアが高くそれ以外のスコアが非常に低かったら、あなたは人間的な要素を見落としやすいということになる。

横の列は、職種別の関心の度合いを示す。上

表1-2 選り好み判定テスト

	経営面の問題	人間関係の問題	企業文化の問題	合計
人事				
財務				
マーケティング				
業務				
研究開発				
合計				

から人事、財務、マーケティング、業務、研究開発である。ここでも、どこかの列のスコアが低ければ、その仕事に対する意欲や関心が低く、弱点となりやすいことがわかる。

それではテストの結果を踏まえ、次の質問に答えてみてほしい。あなたが熱心に取り組みたいと思うのは、どんなタイプの問題だろうか。できれば避けたいのはどんなタイプだろう。自分の弱点は、新しい仕事にどんな不利な影響を及ぼすだろうか。

弱点を補うためにできることは、実は意外にたくさんある。まずは基本となる三つの武器――自己規律と友軍と助言者――を備えよう。あまり関心がなくつい避けがちな分野にも時間とエネルギーを注ぐよう、自分で自分を律すること。そうした分野を得意とする人を探し、友軍として確保すること。困ったときは手を貸してもらい、また知識やノウハウを学ぼう。そして敬遠しがちな分野に足を踏み入れるとき、貴重な助言をしてくれるアドバイザー役をみつけること。弱点を補う戦略については、第七章と第九章でも詳しく取り上げる。

得意技に気をつける

不得意な分野が弱点になるのは当たり前だが、得意分野も弱味になることがある。強みと信じ込んでいることは、あなたを待ち構える落とし穴とも言える。これまで評価されてきた長所は、新しい地位では一転して短所になりかねない。たとえばジュリアもアイベスターも非常に注意深かった。これは確かに長所だが、反面細かいことにこだわりがちで、「重箱の隅」までつつくうるさ型の上司が出来上がりやすい。権力を笠に着て部下を徹底管理しようとすれば、自立心旺盛な部下は、まちがいなくやる気を失ってしまうだろう。

学び方を学ぶ

若い頃は何でもどんどん吸収できたものだが、年をとるとなかなかそうはいかなくなる。「自分がどれほどもの知らずか、いやというほど気づかされた」とは移行期のリーダーが抱く共通の思いである。企業では専門職のスタッフがジェネラル・マネジャーに抜擢されるかと思えば、ライン・マネジャーが人事に異動させられたり財務に回されたりする。あるいは知り合いもなく雰囲気もまったく違う合弁会社に出向を命じられることもあるだろう。いずれにせよ、新天地ではたくさんのことを短期間で学ばなければならない。

それは、自分の無知無能に改めて気づかされるという不愉快な体験になるかも知れない。着任早々鼻っ柱をへし折られたら、とくにそう感じるだろう。身の不運を嘆き暗い気持ちになったり、その年齢になって初めてみっともない間違いや失敗をしでかすこともあるだろう。すると無意識に自信のある分野に向いてしまったり、持ち上げてくれる人とばかり付き合ってしまったりする。

押し寄せる難題。募る無力感。そうしたものは、現実否定と自己防衛の悪循環を引き起こしやすい。クリス・アーギリスは〝Teaching Smart People How to Learn (Harvard Business Review)〟のなかで次のように指摘する。

「多くの人は得意分野で成功している。だからめったに失敗しない。そのため、失敗から学ぶことを忘れてしまう。そして（中略）失敗すると自己防衛に走り、批判に耳を貸さず、すべて他人のせいにしたがる。まさに学習を必要とするときに、学ぶ力を失ってしまうのだ」(原注5)。

こうしたわけだから、新任リーダーはぜひとも謙虚に学んでほしい。学習をしないリーダーは、弱点を抱えたまま失敗することになる。ジュリアのように元の部門に戻される屈辱を味わうことになるかも知れないし、アイベスターのようにさらし者にされたあげく会社を追われるかも知れない。学習を怠ればしっぺ返しは避けられないと心得てほしい。次章でも論じるように、現実否定と自己防衛は悲劇に直結する。

とは言え、改めての学習はひどく苦しいものかも知れない。未経験の地位への昇進は、自分の能力に対する自信を突き崩すことになりかねないからだ。だが冷や汗をびっしょりかいて悪夢から覚める日が続いても、あまり心配するには及ばない。初めて昇進したときに誰もが経験してきた道なのだから。学ぶ必要を謙虚に受け入れるなら、必ず弱点は克服できる。

人脈を見直す

キャリアアップするにつれ、あなたにとって必要なアドバイスはすこしずつ変わってくる。昇進に向けてスイッチを切り替えるためには、新たな助言者や相談相手を探すことが望ましい。仕事を始めたばかりの段階では、力になってくれるのは専門的なアドバイスをしてくれる人である。

たとえばマーケティングやファイナンスに詳しいその道の専門家が手近にいると心強い。だが地位が上がるにつれて、業界事情や人間関係、あるいは人生の機微に通じたアドバイザーが大きな役割を果たすようになる。とくに組織改革を目指すときなどは、組織の内情や力関係といったものについての助言はたいへん役に立つ。また人生の先達からの忠告は先を見通す視点を与えてくれ、ストレスのなかで自分を見失わないようあなたを支えてくれるにちがいない。第九章でも取り上げるが、助言者や相談相手の新たな人脈を築くのは意外に難しい。きっと今の相談相手は、あなたにとってとても大切な友人だろう。また、自分の得意分野について意見交換をするのは楽しいことにちがいない。この点を心して新たな人脈を開拓しよう。

足を引っ張る輩に注意する

周囲には、意識的にせよ無意識のうちにせよ、あなたの昇進を望まない連中がいる。たとえばこれまでの上司は、あなたを手放したくないかも知れない。そのような場合、引き継ぎ期間が始まったら、前の仕事にケリを付けるためにどうしたいのか、希望をはっきり述べて交渉しなければならない。どの仕事、どのプロジェクトはどこまでやるつもりなのか、また——こちらの方が重要だが——どの仕事はできないのか。メモをつくり、チームに回覧し、上司に提出しよう。上司と合意のうえで、気持ちよく引き継ぎをすることが大切である。自分が片づけられる仕事はどの程度か、現実的に見きわめる。全部にけじめをつけようなどと考えてはいけない。なにしろあなたは忙しい。新しい職場について勉強したり計画を立てる時間をとることを、くれぐれも忘れないように。

同僚のなかには、これまでどおりの付き合いができなくなると心配する人がいるかも知れない。だがどのみちいつまでも同じ関係ではいられないのだから、新しい関係を受け入れるのは早ければ早いほどいい。また社内には、「あいつはごまをすってうまく立ち回った」と決めつける輩もいることを心しておこう。

昇進の結果、これまでの同僚を監督する立場になった場合には、やっかみやねたみを覚悟しなければならない。なかにはあなたを陥れようとする人も出てくるだろう。そうした不埒な試みは、時が経つにつれて収まると考えられる。「お手並み拝見」的な通過儀礼は避けられないと腹をくくり、新しい職場の試練に毅然と、しかし公平に対処し、そつなくパスしよう。公然と忍耐を試すような行動に対しては、早いうちに許容の限度を決めておく。さもないと、あとで後悔することになるだろう。周囲に昇進を受け入れてもらうのは、移行期の重要な目標の一つである。絶対にあなたを認めようとしない要注意人物がいたら、配置転換にせよ解雇にせよ、できるだけ早い時期に手を打ち、将来に禍根を残さないようにしよう。

まとめ

気持ちをきっぱり切り替えるのはなかなか難しいことがおわかりいただけただろうか。しかも立ちはだかるハードルのいくつかは、実はあなた自身のなかにある。新しい地位では何が弱点になるのか、真剣に自分に向き合ってほしい。「選り好み判定テスト」で明らかになった自分の傾向を参考にして、弱点を補うにはどうすればいいかをじっくり考える。次に、以前の上司との強い結びつきなど、切り替えを妨げかねない外部要因も吟味する。そうした要因にはどう対処したらいいだろうか。

古い格言をもじって言うなら、昇進は旅であって目的地ではない。常に前を向き、新しい課題に恐れずに立ち向かおう。ハーバード大学のロナルド・ハイフェッツ教授が言う「逃避症候群」(原注6)に陥ってはならない。とは言え人は誰しも、慣れ親しんだ過去の習慣に逆戻りしやすいものである。それが危険な甘い罠であることは十分おわかりいただけたことと思う。九〇日の間にはときどきこの章を読み返し、自問してみてほしい。気持ちを切り替える努力を自分は続けているだろうか、と。

チェックリスト

本書では、各章の終わりにポイントを整理したチェックリストを掲げる。質問に答えながら自分の状況を分析し、移行期を乗り切るのに役立ててほしい。

1 これまで自分が成功し評価されてきたのはどんな能力のためか。その能力だけに頼って新しい地位で成功することは可能か。もしそれが難しいとすれば、新たにどんな能力を身につける必要があるか。

2 新しい職場で成功するために欠かせない要素のうち、これまで関心や意欲がなかったものはあるか、それはなぜか。どうすればこの弱点を克服できるか。

3 新しい地位に「飛び込む」ためには何をしたらいいいか。誰に助言や忠告を求めるべきか。ほかにどんなことが考えられるか。

第二章　謙虚に効率よく学習する

第二章ではクリス・バグリーを紹介しよう。彼は中堅耐久消費財メーカー、シグマ・コーポレーションの品質管理マネジャーだったが、上司が家電メーカー、ホワイト・グッズの副社長に引き抜かれたとき、一緒に転職した。ホワイト・グッズは経営不振に陥っており、そこのいちばん大きい工場のジェネラル・マネジャーをやってみないかと、その上司が誘ってくれたのだ。願ってもないチャンスにクリスは飛びついた。

シグマは製造技術には定評がある。クリスは工業高校を出てすぐシグマに就職し、製造畑でありとあらゆる経験を積んできた非常に優秀な男だ。ただ彼は、最先端のテクノロジーと恵まれた条件で働く熟練労働者の集団しか相手にしたことがない。着任前にホワイト・グッズの工場を視察したクリスは、シグマよりはるかにお粗末な実態を知ったとき、たちどころに心を決めてしまった。これを徹底的に変えてやる。それも、すぐにだ。

着任早々、この工場は完全に時代遅れだから「シグマのやり方」で根本から立て直すとクリスは言い放つ。そしてすぐさま辣腕のコンサルタントを雇い入れた。コンサルタントは、工場は「前世紀の遺物」で従業員は「低能ぞろい」だと情け容赦ない報告を上げてよこし、チーム制による全面的な組織再編と技能訓練への巨額の投資を勧告した。クリスはこの報告書を直属の上司に提出。勧告を速やかに実行したいと主張し、上司の沈黙を都合よく同意と解釈した。

工場にある四つの生産ラインの一つにさっそくチーム生産方式が導入された。しかし生産性は急激に落ち込み、品質も悪化する。クリスは「早く何とかしろ」とハッパをかけるが、事態は一向に改善されず、工場全体の士気は下がる一方だった。

三カ月が経ったところでクリスは上司に呼ばれ、次のように諭される――「君はすっかり煙たがられてるぞ。君を呼んだのは工場をよくするためであって、ぶちこわしにするためじゃない。これまでの経緯を知るために、君はどの程度時間をかけたのかな。既にチーム生産方式を導入してうまくいかなかったことは知ったうえでのことなのか。君がここに来る前、限られた予算や設備で彼らがどれだけがんばってきたか、わかっているのか。性急にことを構えず、まずはみんなの話をよく聞いてみたらどうだ」。

クリスは冷水を浴びせられた思いだった。部下たちに会い、徹底的に話し合う。生の声を聞くうちに、予算不足の中で彼らがどれほど工夫を凝らしてきたか、衝撃の事実を知った。ついに目を覚ましたクリスは全員を集めてミーティングを開き、これまでの努力を称賛し感謝すると同時に、組織再編は全面的にストップさせると発表する。何を措いても技術水準の向上を最優先させる方針を打ち出した。

クリスが犯した最大の過ちは、新しい組織、新しい職場を十分に理解しようとせず、独断的な思い込みをしたことである。これは新米リーダーにありがちな過ちだが、その代償はときとしてひどく高くつく。新しい職場について知っておくべきことは何か――「新入生」であるあなたはまずそれを把握し、短期間で精力的に学ばなければならない。早い段階でポイントをしっかり理解しておけば弱点を減らせるし、危険な落とし穴もみきわめがつく。着任して間もない時期でも的確な判断を下せるだろう。部下も上司もそして顧客も、あなたがのんびり学ぶのを待ってはくれない。

学習拒否症候群を克服する

新米リーダーがしくじるときは、勉強不足が一因と考えてまず間違いない。恐らく情報が多すぎて重大な問題をみきわめにくく、何を学んだらいいのかよくわからないせいだろう。情報の洪水に巻き込まれると、重要なシグナルも見落としやすい。また製品、顧客、技術、戦略といった要素に目が向きすぎて、組織文化や人間関係を軽視する失敗も多い。

しかも管理職の大半は、組織の問題点を理論的に診断する訓練を受けていないため、事態はますます悪化する。そうした訓練を受けたことがあるのは、どうやら人材開発の専門家か経営コンサルタントといった人たちだけらしい。

また、学習計画を立てる習慣がないことも問題である。計画を立てれば、何にとくに注意すべきか、どうすればうまく対応できるか、前もってじっくり考えることになる。だが問題点を整理して学習の優先順位を考える新米リーダーは、残念ながらほとんどいない。着任前に計画を立てておく人はもっと少ないだろう。

なかには〈学習拒否症〉に陥ってしまうケースもある。この症状が悪化すると、これまでの経緯すら学ばなくなる。しかし新しくリーダーになったら、まず「現在の状況に立ち至ったのはなぜか」を問うべきだろう。理由も知らないまま、営々と築き上げられたものをぶち壊すのはいかにもまずい。経緯や背景を理解したうえでなお不要と判断するなら、それはそれでよい。だがよく調べてみるともっともな理由があった、という例は少なくないのである。

新米リーダーが陥りやすいもう一つの症状は〈行動強迫症〉である。昇進したからには何かしなければ、と強迫観念に駆られる症状だ。忙しすぎて学習に十分な時間がとれないとき、この症状に陥りやすい。いったんこの病気にかかると、悪循環に陥りやすいので悲惨である。事態を十分に理解しないまま行動を起こすと不適切な判断を下しやすい。そうなると部下は不信感を抱き、重要なことも報告しなくなる。そこでますます判断ミスを重ね、不信感が一段と募るという悪循環に陥ってしまう。だから、よくよく自重してほしい。リーダーに昇進したらまずは率先垂範と考えたくなるだろうし、次章で触れるように実際にそれが正しいこともある。だが準備不足のままむやみに行動を起こすと手ごわい問題に遭遇する恐れも大いにあることを、ゆめ忘れてはならない。

最悪なのは、「正解は自分が知っている」と思い込んで着任するタイプだ。この手のリーダーは既に問題点を発見したと考え、どう解決するかまで決めてしまっている。万事順調な組織でキャリアを積んできた人は、ある環境で成功したやり方がほかでは通用しないかも知れないことになかなか気づかない。クリスが苦い経験を通じて知ったように、「正しいのは自分だけ」と言わんばかりの尊大な態度でいると、重大な失敗を犯しやすく、我が身の孤立を招きやすい。クリスは元いた会社のやり方をそのまま当てはめれば問題は解決すると考えたが、物事はそう単純ではなかった。経営再建などで大胆な手腕を期待されている場合ですら、組織の文化や人間関係などをよく理解し、状況に合わせてきめ細かく対応することが望ましい。部下の話をよく聞くリーダーは、信頼を勝ちとり影響力を強めることができる。

学習は投資である

いざ学習に取り組むときは、投資と同じイメージで考えるとよい。あなたの貴重な時間やエネルギーは、注意深く運用すべきリソースである。上手に運用し、意思決定や行動に役立つ知識や情報が得られれば、それが投資リターンに相当する。意思決定に役立つ情報、ブレークイーブン・ポイントに早く到達できるような知識を手にできるなら、あなたは優秀な投資家と言える。クリスも謙虚に学んでいれば、いろいろなことがわかったはずだ――第一に、現場のマネジャーが製造プロセスを改善しようと必死の努力をしていたにもかかわらず、ホワイト・グッズの経営陣は工場に設備投資を出し惜しみしてきたこと。第二に、工場のお粗末な環境を考えれば、品質と生産性は十分称賛に値する水準に達していたこと。第三に、職長も労働者も自分たちの成果を誇りに思っていたことである。こうした事実を把握していたら、クリスはもっとましな行動をとれたにちがいない。

学習投資効果を最大限に高めるためには、入手可能な大量の情報のなかから、意味のあるものを効果的かつ効率的にふるい分けなければならない。何を集中的に学ぶべきかを知って、効果的な学習を心がけたい。できるだけ早い時期に〈学習科目〉を決め、その後も定期的に見直すとよい。また優れた知識・情報源を探し出し、貴重な時間を無駄にせずに効率的に学習することも大切である。クリスの学習態度は明らかに効果的ではなかったし、効率的でもなかった。

学習科目を決める

もしクリスにもう一度チャンスが与えられるとしたら、彼はきっと、計画的に学習に取り組むだろう。そして情報収集↓分析↓仮説の構築↓検証という論理的なサイクルを組み立てるにちがいない。

出発点は、学習科目、つまり何を学ぶかを決めることである。理想的には、正式着任の前に決めておくことが望ましい。学ぶべきことはたくさんあるにちがいないが、何を最優先させるか、きっちり決めておく。質問リストをつくってもいいし、仮説を立ててみるのも悪くない。言うまでもなく、学習は着任後もずっと続ける必要がある。学習といっても、最初は疑問だらけの状態だろう。しかし学ぶにつれて、今の状況がどうなっていてその原因は何か、仮説を立てられるようになる。学習が深まれば、仮説に肉付けし検証することも可能になるだろう。

それでは、何から始めたらいいだろうか。まずは過去・現在・未来について疑問点を挙げてみることを奨めたい。現在こうなっているのはなぜか、過去の習慣が今も続けられているのはどうしてか、環境の変化に応じてやり方を改めるべき分野はあるか、等々。具体例を以下にまとめたので、参考にしてほしい。

●学習に役立つ質問集

【過去について】

業績

・これまでの業績はどうか。社員は自社の業績をどう評価しているか。

・従来はどんな事業目標が掲げられていたか。目標は低すぎないか、あるいは高すぎないか。

・社内・社外にベンチマークを設定しているか。
・社員の実績評価にはどんな指標が使われていたか。どんな行動が奨励され、どんな行動が禁じられていたか。
・目標を達成できなかったとき、どんな措置が講じられたか。

原因
・業績が好調だった場合、その原因は何か。戦略、組織、技術力、組織文化、人間関係のどの要素が業績に貢献しているか。
・業績が不振だった場合、その原因は何か。戦略、組織、技術力、組織文化、人間関係のどこに主因があると考えられるか。

改革
・これまでにどのような改革が行われたか。またその結果はどうか。
・改革のキーパーソンは誰だったか。

【現在について】

ビジョンと戦略

・どのようなビジョンや戦略が公表されているか。

・本気で戦略を実行しているか。実行している場合、その方向性は正しいと思えるか。実行していない場合、理由は何か。

人材

・誰が有能で誰が無能か。

・誰が信用でき誰は信用できないか。

・影響力があるのは誰か、それはなぜか。

プロセス

・会社の重要な業務プロセスは何か。

・主要プロセスは、クオリティや信頼性の点で妥当な水準に達しているか。また適切に運営されているか。そうでない場合、原因は何か。

潜在的な問題

・大問題に発展しかねない潜在的な火種は何か。

・組織文化や人間関係に関するタブーは何か。

緒戦の勝利

・どの分野なら早い段階で成果を出せそうか。

【未来について】

課題と機会

・今後一年間で最も困難な課題に直面すると予想されるのはどの分野か。それに対して今からどんな準備ができるか。

・まだ生かされていない機会のなかで、どれがいちばん有望か。その潜在力を引き出すには何が必要か。

阻害要因と経営資源

・改革を実行するうえで、最大の障害となりそうなのはどんなことか。専門知識を要する問題（戦略、組織、製品、顧客など）か、それとも社内の人間関係や文化などだろうか。
・有能な部下はいるか。優れた経営資源はあるか。
・今後はどんな新しい能力を開発したいか。

文化

・組織文化のなかで、これからも大切にしたいものはどれか。
・どんな点は変えていくべきか。

知識・情報源をみきわめる

いわゆるハードなデータ、たとえば財務報告や事業報告、業務計画、社員の意識調査、プレス・リリース、業界誌などは、もちろん学習の役に立つ。だが的確な決定を下すためには、ソフトな情報、たとえば戦略、技術力、組織文化、人間関係なども見落としてはいけない。こうした方面に精通する唯一の方法は、くわしい人に聞くことである。それも、相対して話すことだ。じかに話さなければ、本当の姿はみえてこない。

あなたの学習投資に最高のリターンを与えてくれるのは誰だろうか。望ましい人をみつけられれば、学習はいっそう実り多いものになるだろう。社内に限らず社外の声にも耳を傾けよう（図2-1参照）。違う角度からものをみられる人と話せば、あなたの見方は一段と深くなる。外からみた現実と中にいる人間の実感、上の立場と現場の見方をともどもに理解できるリーダーであってほしい。

ここで、社外の貴重な知識・情報源を挙げておこう。

顧客

顧客からは、次のような情報を教えてもらうことができる。あなたの会社をどんなイメージでみているか。あなたの会社の製品・サービス

図2-1 知識・情報源

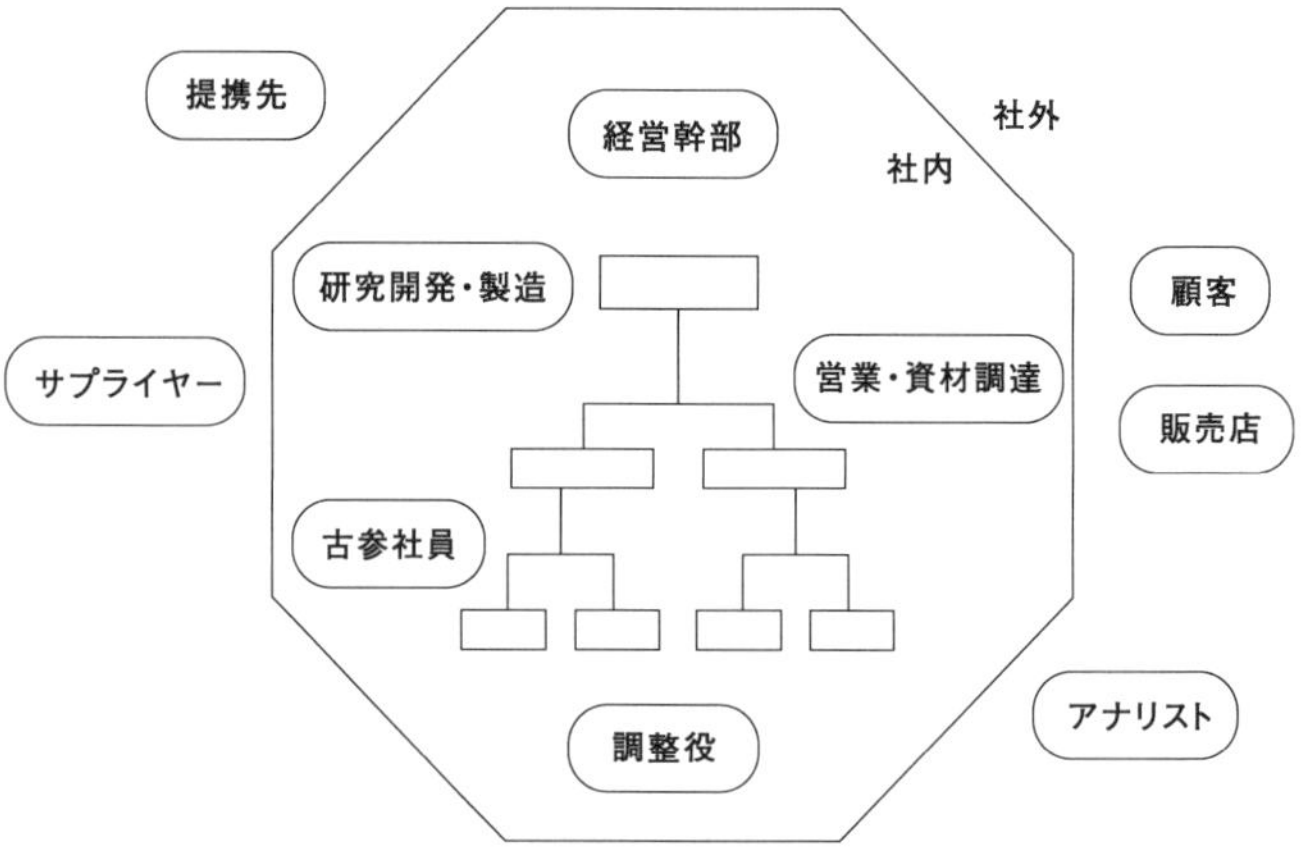

をどう評価しているか。またカスタマー・サービスについてはどうか。顧客はあなたの会社を競合他社に対してどのように位置づけているか。

販売店

販売店からは、商品のロジスティックス、カスタマー・サービス、競合他社の商習慣や商品構成などの実態を聞き出すことができる。また販売店と親しくなるうちには、その実力を把握することもできる。

サプライヤー

サプライヤーからは、顧客としての自社の実態を教えてもらうことができる。また社内の管理体制や業務システムの長所・短所など、サプライヤーから指摘されることは多い。

社外のアナリスト

アナリストは、あなたの会社のみならず競合他社についても、戦略や能力の客観的な評価をしている。また市場の需要動向や業界全体の財務健全性などについても幅広い見方を提供してくれるだろう。

また社内にも、次のような貴重な知識・情報源が潜んでいる。

研究開発、製造・サービス現場

現場には、実際にその手で製品を開発・製造し、サービスを提供している社員がいる。こうした現場の社員を通じて基本的な業務に親しみ、社外のステークホルダーとの関係づくりを学ぶことができるだろう。また業務部門が現場をどれほど支えているか、あるいは足を引っ張っているかも、彼らに聞けばわかる。

営業・資材調達

営業、資材調達、カスタマー・サービスのスタッフは、顧客、販売店、サプライヤーと毎日じかに接している。市場の動向や差し迫った変化についての最新情報は、彼らが持っていることが多い。

専門職

財務、法務、人事などの本部スタッフも忘れてはいけない。彼らは専門分野に特化しているが、社内の動向について鋭い見方を示してくれることが多い。

調整役

調整役とは、部門横断型の仕事を調整し、円滑に進められるよう目配りする人のことである。プロジェクト・マネジャー、プラント・マネジャー、プロダクト・マネジャーなどが該当する。彼らからは、社内の組織や仕事のつながりを教えてもらうことができる。いわゆる裏の人脈がどうなっていて陰の実力者がどこにいるのか、紛争の火種はどこに隠されているのかといったことも、彼らと話すとわかってくる。

古参社員

長いこと会社にいて過去の事情に詳しい古顔も侮れない。彼らからは、設立当初の裏話や文化的・政治的背景などを教わることができる。

学習方法を考える

何を誰から学ぶか、おおよそのめどが立ったら、次は、どうやって学ぶのが最も効率的かを考えよう。

新米リーダーは、いきなり飛び込んで手当たり次第に話を聞く方法を採りがちである。確かにたくさん情報は入ってくるにしても、この方法は決して効率的とは言えない。むやみに時間がかかるうえ、一貫性に欠け、どの人の意見を重んじればいいのかわからない。また最初の人か最後の人の印象にとかく左右されやすいので、印象を強めようと先に話したがる人も現れるだろう。したがって新任リーダーは、計画的に臨む必要がある。たとえば直属の部下と面談し、意見を聞く状況を想定してみよう。全員を集めるのは明らかに好ましくない。自分の意見を表立って言いたがらない人が必ずいるからだ。

かといって一人ひとり会うやり方にも欠点がある。一人ずつ会うとなれば順番を決めなければならないが、いったいどの順序が適切だろうか。また最初の人の意見でバイアスがかからないようにするためにはどうしたらいいだろう。これらの問題を解決できる方法の一つが、面談の〈台本〉を決めておくやり方である。たとえば最初に面談の目的と進め方を説明し、続いて経歴や家族、趣味などを質問する。次に仕事について質問する、といった具合に。こうすると各人の答を同じ土俵で比較できるほか、全員の答を集計し、どの項目で意見が一致していてどの項目でばらつきがあるかも分析できる。また誰が率直で誰がそうでないかもわかる。

新しい職場では、直属の部下と一人ひとり話すことから始めるといい（このアプローチは、組織の言わば「水平断面」を理解する手法の一例と言える）。このとき、どの相手にも次の五項目の質問をする。

（1）現在直面している、あるいは近い将来直面すると思われる最大の課題は何か。

(2)そうした課題に直面している、あるいは直面すると思われるのはなぜか。
(3)業績改善につながる有望な機会のなかで、活用されていないものはあるか。
(4)そうした機会を生かすためにはどうすればいいか、組織のどこを変える必要があるか。
(5)もし君が私だったら、何に力を入れるか。

以上の五つの質問をし、相手の意見をよく聞いてさらに実態を調査すれば、いろいろなことがみえてくるだろう。また全員に同じ質問をすれば、多数派の意見もわかるし少数意見も汲み上げられるし、最初の人の意見に惑わされたり、声の大きい人の見方に偏重する失敗も避けられる。相手がどんなふうに答えるか、その様子を観察すれば、チームの内情や力関係などを感じとることもできるだろう。ストレートに答えてくれるのは誰か、曖昧な返事をしたり話を逸らそうとするのは誰か。自分の責任を認めるのは誰で、人を責めるのは誰か。幅広い見方ができるのは誰で、視野が狭いのは誰か。

全員と一通り話し終えたら、あなたなりの考察や質問をまとめ、チームのメンバーを集めて結果を話し合うとよい。チーム・ミーティングをすれば集団としてのチームの様子やメンバー同士の関わり合いがわかるし、あなたがチームの問題を理解しようと努めていることも伝えられる。

なお、いま紹介したプロセスだけがすべてではない。たとえば外部のコンサルタントを雇って組織の診断をしてもらうとか(コラム「新任リーダー導入プロセス」参照)、社員のなかから進行役をみつけて任せる方法なども考えられる。いずれにせよ重要なのは、行き当たりばったりではなく計画的に取り組むことである。何も大げさに考える必要はなく、台本を用意する、個別に面談し分析した後に全員でミーティングをするなど、大きな方針を決めておけばよい。それだけで、意思決定に役立つ知識や情報を集めやすくなる。なお質問事項は、職種に合わせて変えるとよい。たとえば営業マンが相手なら、「なぜ消費者はほかの会社から買いたがるのか」と質問してみるという具合に。

●新任リーダー導入プロセス

ゼネラル・エレクトロニクス（GE）が開発した体系的学習の一つに「新任リーダー導入プロセス」がある。このプロセスでは、マネージャーが新しく重要な任務を割り当てられると、必ずファシリテーターがつく。ファシリテーターはまず新任リーダーと面談し、導入プロセスについて説明する。次にリーダーの直属の部下と話し合い、「新任リーダーについて知りたいこと」「自分についてリーダーに知ってもらいたいこと」「自分の仕事についてリーダーに知ってもらいたいこと」などを言ってもらう。ファシリテーターは発言内容を整理し、大まかな傾向や気づいた点を新任リーダーに伝える。このとき、個人名は出さない。続いてファシリテーターはリーダーと直属の部下との面談をお膳立てし、この時点で導入プロセスは完了する。

状況によっては、ほかにも効果的な学習方法がある。次ページの表2-1にいくつか例を挙げたので参考にしてほしい。地位や状況に応じて上手に選べば、一段と効果が上がるだろう。優秀なリーダーは状況に即した学習戦略を練り、適切な手法を上手に組み合わせて使っている。

表2-1 計画的に学習する

学習方法	目的	有用性
社員の意識・満足度調査	企業風土やモラルを知る。多くの企業は定期的にこの種のアンケート調査を実施しており、既にデータベースがあるはず。もしなければ、定期的に実施すること。	部門別の調査であれば、どのレベルの管理職にも有用。ただしデータ収集や分析の精度に要注意。調査手法が適切か、データ収集に漏れがなく分析は厳密か、チェックすること。
面談	機会や課題について意見の一致・不一致をみきわめる。幅広い部署で同一レベルの社員から話を聞く水平的調査、同一部署でさまざまなレベルの社員から話を聞く垂直的調査がある。いずれの場合も同じ質問を統一的に用意し、回答の共通性・差異性を確認する。	メンバー構成が多様な部署の責任者に最も有用。チームが問題に直面している場合は、下位のリーダーにも役立つ。
フォーカス・グループ	大規模部門が抱える問題（例：製造／サービス現場のモラル）を検討する。職場ミーティングも、人間関係やリーダー格がわかるので効果的。議論を促せば理解が深まる。	大人数で均質な仕事をこなす集団のマネジャー（例：セールス・マネジャー、プラント・マネジャー）にとって最も有用。大集団の傾向が手っ取り早くわかる点で、シニア・マネジャーにも便利。
意思決定分析	過去に下された重大な意思決定のパターン、権限や影響力の発信源を把握する。最近下された重大な決定を取り上げ、その経緯を詳細に分析する。各段階で誰が影響力を行使したか、関係者から意見を聞く。	事業部やプロジェクト・チームの上位のマネジャーにとって最も有用。

学習方法	目的	有用性
プロセス分析	事業部／チーム間のやりとりを観察し、プロセスの効率を評価する。重要なプロセス（例：顧客への納入）を一つ選び、部門横断型チームに依頼してプロセス・チャートを作成し、どこにボトルネックがあるか、問題点は何かを検討する。	スペシャリスト集団の管理職にとって最も役立つ。また下位のマネジャーにとっては、自分の部署の位置づけを知るうえで有用。
工場視察、顧客訪問	工場視察では、現場の人間から非公式に話を聞くことができる。営業/製造現場での直接交流は能力評価にも役立つ。顧客企業の訪問はあなた自身を売り込む機会。また相手からは思わぬ問題点や機会を指摘されることもある。	事業部レベルのマネジャーに最も有用。
パイロット・プロジェクト	技術面、文化面、人間関係・力関係などについて深い知識を得られる。またパイロット・プロジェクトに対する社内の反応も観察できる。	どのレベルのマネジャーにも有用。プロジェクトの規模が大きいほど、全社に与える影響は大きい。

学習プランを立てる

学習科目と学習方法を決めたら、目標に向かって具体的にどんな手順で進めるか、計画を立てよう。知識源や情報源をみきわめ計画的に取り組めば、短期間で効率よく学ぶことができる。学習プランは、移行期の〈九〇日プラン〉に欠かすことのできない重要な要素である。あとでも述べるが、とくに着任したての最初の三〇日間は、新米リーダーはぜひとも学習に力を入れてほしい。

学習プランは、情報収集→分析→重要情報の抽出→仮説の構築→仮説の検証→理解の深化というサイクルに従って立てるとよい。あなたにとって何が大切かは、言うまでもなく状況によって違う。まずは以下に掲げる学習プランのひな型を参考にして取捨選択し、足りない項目があれば書き加えてほしい。なお次章では、移行期に直面しがちな四つの状況を挙げ、状況ごとにいつ何を学んだらいいか検討する。

●学習プランの例

【着任前】

・新しい職場の戦略、組織、業績、社員について資料を読みあさる。

・新しい職場の実績が社外からどう評価されているか調べる。十分に知識があり、かつ偏見のない公平な立場からものをみられる人を探して話を聞く。あなたが現場に近いポストにいるなら、サプライヤーや顧客と話すのもよい。

・新しい職場を外からみられる人を探す。OB、最近退職した人、取引先なども有望だ。こうした人たちから過去の経緯や人間関係、組織文化などを教わるとよい。また、できれば前任者とも話をしておきたい。

・新しい上司と話す。

・新しい職場についてわかってきたら、最初の印象と仮説を書き留めておく。

・着任早々に行う部下との面談で、質問したいことをリストアップする。

【着任直後】

・業務計画、業績データ、人事記録に目を通す。

・直属の部下と一人ひとり面談し、あらかじめ作成しておいた質問リストに沿って話し合う。意見が一致する問題、分かれる問題を把握し、また各人の傾向や考え方を知る。
・新しい職場が社内からどう思われているか、把握する。営業、資材調達、カスタマー・サービスなどの社員は、あなたの部署と社外との関係をどうみているか。こちらが気づかず彼らが問題視しているのはどんなことか。
・戦略がトップダウンで伝わっているかチェックする。トップの人間にビジョンや戦略を聞き、それが下まで浸透しているか調べる。前任者がビジョンや戦略の浸透にどれだけ熱心に努めたか、これでわかる。
・課題や機会がボトムアップで伝えられているかチェックする。現場の人間に今直面している課題や機会を尋ね、それがトップにきちんと上がっているか調べる。上の人間が現場の声を吸い上げているかどうかが、これでわかる。
・最初に書き出した質問と仮説を見直す。

【三〇日目】

・上司に会い、自分が気づいた点や仮説について話し合う。

・部下を集め、気づいた点を伝える。自分の意見を率直に述べて課題を指摘し、全員の反応を見守り、職場内の力関係なども把握する。
・外部の評価を分析する。サプライヤー、顧客、販売店など外部のステークホルダーはあなたの部署をどうみているか、長所短所をどう評価しているかを知る。
・主な業務プロセスをチェックする。あなたが問題視するプロセスについて責任者を集めて現状を話し合い、生産性、品質、信頼性などを把握する。
・主立った調整役と話し、本部や本社との関係を把握する。彼らが問題視していることを教えてもらう。また古参社員から過去の経緯や力関係を教わる。彼らには意外な影響力があり、強力な味方になってくれるかも知れない。
・質問と仮説を再度見直す。
・上司に会い、自分が気づいた点についてもう一度話し合う。

組織文化を学ぶ

新しい職場で直面する問題の多くには、文化が絡んでいる。もしかしたら職場の気風や価値観のなかには、今後の改革を妨げるようなものがあるかも知れない。そうなると、あなたとしてはなんとかして排除したいだろう。その一方で、優れた価値があり残しておきたい文化もきっとあるにちがいない。たとえばクリスの場合は遅まきながら社員たちの誇りやモチベーションに気づき、最後はそのエネルギーを工場の改善につなげることができた。もし向上心に欠け覇気のない労働者ばかりだったり、敵意に満ちた集団だったら、事態はもっと悪くなっていただろう。

気風、習慣、規範といったものは現状維持の方向に働きがちなので、それをよくわきまえて問題点を話し合い、どこから手を着けるか決めたい。とくにあなたが社外から引き抜かれた場合、あるいは同じ社内でもまったく気風の違う部署から新しい職場に移る場合には、このあたりの呼吸が大切である。

組織の文化をろくに理解しないうちに、それを変えようなどと思ってはならない。文化を理解するには、次の三つの要素に注目するといい(原注1)。

象徴――ある職場と別の職場の違いを際立たせ、職場の連帯感を高める何らかの特徴のこと。ロゴや服装などまで幅広く含む。あなたの部署には、メンバー同士の意識を高める何かそうした象徴的なものが存在するだろうか。

規範――「正しい行動」を促す何らかの社会的なルールを意味する。どんな行動が奨励され、称賛されているか。どんな行動は批判され嘲笑されるか。

価値観――はっきり表面には現れないが、組織全体に浸透し人間関係の基本になっている考え方。組織のメンバーにとって、そうした価値観は空気のようなものである。新しい職場ではどんなことが「当然」と受け止められているか、知っておこう。

文化を理解するためには、象徴や規範の下に隠された価値観まで掘り下げなければいけない。価値観を知るには、部下や同僚の様子をよく観察することが大切である。たとえば個人の実績や報奨のことばかり気にする人が多いだろうか、それともチームとして成果を上げることに力を尽くしているだろうか。職場は気楽な雰囲気か、上下関係がはっきりしているか。競争が激しいか、のんびりしているか。

新任リーダーにとっていちばん重要なのは、権力の所在と価値観である(原注2)。正規の権限を持って決定を下すのは誰で、陰の実力者は誰だろう。また、褒められるのはどんな行動で、非難されるのはどんな行動だろうか。ホワイト・グッズを例にとると、高品質の製品を作ることに全員が誇りを持っていた。したがってもし大衆市場を目指すような決定が下されたら、激しい反発が起きたにちがいない。平社員と管理職の価値観が違う職場では、まとめ上げるのが一段と難しくなる。もちろん、ある程度のばらつきは避けられない。しかしギャップが広がりすぎてコミュニケーションがうまくとれないようだと危険である。

文化の質的な違いを知る

文化と一口に言ってもさまざまな側面がある。ここでは大きく分けて組織、職業、地域のレベルで文化を捉えることにしたい。以下の説明を読むときは、カメラのズームレンズを通してみるイメージで文化を考えてみてほしい。まずはズームインして自分の部署の文化をみる。それから徐々にズームアウトし、職業集団の文化、地域の文化へと視野を広げよう。

組織文化——会社や職場の文化は長い時間をかけて形成され、深く根を下ろす。組織文化は、人間関係（例＝親しみやすい、よそよそしい、馴れ合い）、仕事に取り組む姿勢（例＝誠実、競争心、勤勉）、日常的な習慣（例＝会議の進め方、意見交換の仕方）などに表れる。

組織文化は業種によって違うし、同じ業種のなかでも差がある。たとえば質実剛健な石油会社の重役は、アパレル・メーカーのはなやかな雰囲気にはなじめないだろう。また同じ消費財業界でも、伝統ある大企業のマネジャーは、ベンチャー企業のマネジャーよりも格式張ったやり方を好む。

職業文化——職業集団もそれぞれに固有の文化を持つ。たとえばエンジニア集団の雰囲気は事務職とはかなり違う。といっても、もちろんエンジニアが皆同じわけではない。たとえば同じマネジャーでも財務担当マネジャーはマーケティング・マネジャーとは違う考え方をするし、研究開発担当マネジャーとも違う。その一因は、受けた教育や職業訓練にあると考えられる。

地域文化――地域による違いは、文化の違いのなかでも最も多様性に富むと言えるだろう。同じ国でも地方によって仕事の進め方はずいぶん違うし、国が違えばその差はさらに大きくなる。たとえば米国のマネジャーは個人主義を重んじるが、日本のマネジャーは和や協調を大切にする。

新しい文化をよく知る

新しい業界に移るとき、あるいは同じ業界でも別の会社に転職するときは、組織文化の違いにもろに直面することになる。別の職種(例=

図2-2 重なり合う文化

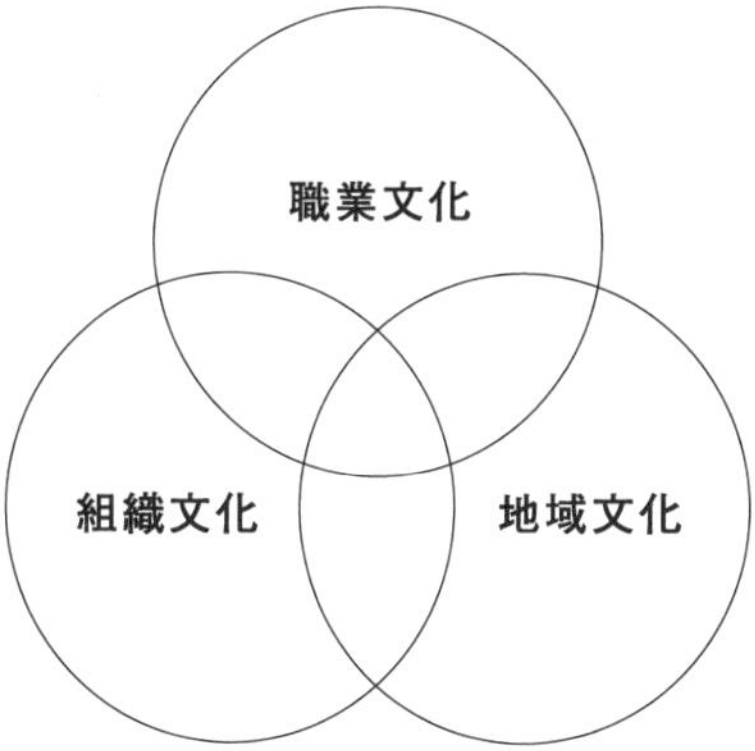

総務からマーケティングへ）に異動するとき、あるいは責任分担がまったく違う地位（例＝専門職から取締役へ）に昇進するときは、職業文化の違いに直面するだろう。そして別の地方、別の国に移れば、当然地域文化の違いに驚かされることになる。

こうした文化の違いが二重、三重に重なり合うこともある（図2-2参照）。たとえば国外の新しい会社に移るとなれば、組織文化・地域文化の違いに直面するだろう。こうしたわけだから、新米リーダーは、文化への適応の「難易度」を一〇段階で評価しておくといい。組織文化なら、命令統制型のトップダウン組織から規律のゆるいフラットな組織へ移るとき（またはその逆）が一〇点。職業文化なら、財務から人事へ、あるいはその逆が一〇点という具合である。地域文化の場合は、まったく文化の違う国から国への異動を一〇点とする。組織・職業・地域の三項目について評価し、合計が一五点以上だったら、相当なカルチャー・ショックを受けると覚悟した方がいい。大失敗をしでかさないためには、新しい文化を熱心に理解し順応する努力が大切である。

順応か修正か

これから入っていく文化をみきわめたら、自分がその文化に順応するのか、文化の方に修正が必要なのか、決めなければならない。手始めに、今の文化が新しい仕事にどんな影響を及ぼすのか理解しよう。とりわけ、文化のどんな面が業績改善にプラスに作用し、どんな面がマイナスかを見定めることが大切だ。新しいポストで手腕を発揮できるかどうかは、文化の違いを知り適切な行動をとることから始まる。

まとめ

学習戦略や優先順位は、新しい組織に深くかかわるにつれて変わってくる。仕事をやり遂げるのはもちろん、新しい上司と話し合うにしても、味方になってくれる人をみつけるにしても、新しい情報、新しい知識が必要になるだろう。だから九〇日の間にはときどきこの章を読み返し、何をどう学んだらいいか、学習プランを練り直すことをお奨めする。

チェックリスト

1　新しい職場について効率よく学んでいるか、行動を焦っていないか。現状をよく知らないうちに答を出していないか。早まって間違った答を出し、短絡的に行動する危険をどうやって防ぐべきか。

2　何を学ぶ必要があるか。今わかっている情報に基づき知りたいことの質問リストを作成しよう。あるいはなぜ現状がこうなったのか仮説を立て、それを検証するにはどうしたらいいか考えよう。

3　疑問点について的確な答をくれそうな人は誰か。

4　学習効率を高めるにはどうしたらいいか。できるだけ時間とエネルギーを無駄にせず、必要な知識・情報をうまく引き出す方法を考えよう。

5　質問リストに自分なりの答がみつかったら、学習プランを立てよう。

第三章 状況を診断し戦略を立てる

第三章の新任リーダーは、クレア・ウィークス。このほど大手多国籍企業の工業製品部門で部長に昇進したばかりである。この部門は過去四年間連続して二桁台の成長を遂げており、今後もこの力強い躍進ぶりは続きそうにみえる。有望な製品はまだいくつも控えているのだから。この楽観的な予想に基づき、クレアは前任者が立てた野心的な利益目標をそのまま引き継いで達成を目指すことにした。

しかしほどなく、クレアは状況が思ったほど明るくないことに気づく。これまでの好業績の陰には、価格設定のまずさ、過剰在庫、販売店との関係悪化などさまざまな問題が隠されていたのだ。どうやら前任者は問題を先送りして業績に厚化粧を施してきたらしい。

そのせいで一気に赤字になるというほどではなかったが、そもそもぎりぎりだった目標の達成は難しい情勢になった。この時点でＣＥＯのところへ行って事情を説明すればよかった——だがクレアはそうしなかった。彼女は突き進むことに決める。新製品の発売まで値上げや買収でしのげば、なんとか目標に手が届きそうだ……。

だが無理な目標にこだわれば、判断ミスが重なるのは避けられない。クレアは次第に信頼を失っていく。値上げを強行して販売店と仲たがいし、新製品の発売を急がせて社内と喧嘩……。いよいよ目標達成が難しいとみると買収に望みを託し、そして失敗した。すべての敗因は、最初に状況判断を誤ったことにある。事業は成長基調にあると考えて背伸びした目標をそのまま引き継いだが、本当に必要だったのは目標を調整し、過大な期待を鎮めることだった。先を見る目のなさがクレアの命取りになったと言えるだろう。部長の器ではないとCEOに引導を渡され、彼女は会社を去らなければならなかった。

状況判断を誤り、その結果として不適切な戦略を立ててしまうクレアのような新米リーダーは珍しくない。最初に状況を見誤ると、当然ながらしなくてもいいミスを犯す。達成不可能な利益目標にこだわり続けたクレアは、その代表例だ。こうした痛ましいシナリオがそこここで繰り返されるのは、新任リーダーがごく限られた自分の経験だけに頼って新しい状況を判断しがちだからである。

もしあなたがクレアのようなタイプだとしたら、これまで昇進のたびに苦労してきたことだろう。たくさんの失敗をしでかし、そこから学んできたのではないだろうか。運よく上司に恵まれたときや、助言や忠告をしてくれる先輩や同僚がいたときは、彼らからも多くを教わったことだろう。こうして長い間に、あなたは「すべきこと」「すべきでないこと」を身につけてきたにちがいない。昇進を前にして、ここで一度これまでの経験を振り返ってみてはどうだろう。そうすれば、新しい職場で役に立つこと、立たないことを整理できる。本書を読み進む前にぜひここで時間をとり、「経験知」をまとめてみてほしい。

これまでにあなたが蓄えてきた知識や見識は、堅実で幅広く役に立つものだっただろうか。昇進したのだから、とりあえずこれまでのやり方はうまくいっていたと考えていいだろう。だが必ずしもこれからもうまくいくとは言えない。とくに責任範囲が広がったり、不慣れな職場に移るときなどがそうだ。また、たとえ営業から人事まで豊富な経験を積んでいるとしても、新任リーダーが直面しがちな困難な局面の経験は、それほど多くはないかも知れない。

慎重に論理的に状況を診断していたら、たぶんクレアは失敗を防げただろう。状況に即した戦略は、適切な状況判断があってこそ立てられる。現状を正しく理解できれば、行く手に立ちふさがる困難な課題だけでなく、眠っている機会や経営資源も視野に入ってくるにちがいない。

〈四つの状況〉モデル

新任リーダーが直面する状況は、大きく分けて四種類ある。これを飛行機にたとえて、〈離陸〉〈方向転換〉〈針路修正〉〈高度維持〉と名付けることにしたい。ここではそれぞれの特徴と、そこに潜む課題と機会について説明する。あなたが置かれた状況を理解するうえできっと役に立つはずだ。

それぞれの状況を特徴づけるのは何だろうか。〈離陸〉するときはヒト・カネ・技術を結集し、新事業、新製品、新規プロジェクトをうまくスタートさせなければならない。〈方向転換〉では、不振に陥った事業やトラブルに見舞われたチームを立ち直らせ、正しい方向に進ませる。〈離陸〉も〈方向転換〉も、経営資源を集中的に投入して行う建設的な作業であり、そこには、頼りになるインフラや能力があまり存在しない。リーダーは新しい気持ちで臨み、早い段階で強い指導力を発揮する必要がある。

これに対して〈針路修正〉や〈高度維持〉では、既にある程度うまくいっている状況に乗り込むことになる。それは心強くもある反面、リーダーの行動はかなり制約を受ける。〈針路修正〉では、停滞の兆しがみえてきた事業やプロジェクトに再び活を入れ、トラブルが予想される製品やプロセスに手直しを施す。〈高度維持〉の局面では、好業績を上げている事業のペースを保ち、さらに発展させる責任がある。〈針路修正〉では課題に対処するが、巡航高度に達しているときはむしろ課題を作り出すとも言えるだろう。どちらの状況でも、拙速を避け、じっくり次の一手を考えることが大切である。この間に組織文化や勢力図などがわかるし味方をみつけることもできるので、新任リーダーにとってはありがたい状況と言える。

このような状況診断は、どのレベルのリーダーにとっても役に立つ。いまこの本を読んでいるあなたは、もしかしたら発足間もないベンチャー企業のCEOに就任するのかも知れない。あるいは新規生産ラインの職長になるのかも知れないし、新製品担当のブランド・マネジャー、新製品開発担当の研究開発チーム・リーダー、あるいは新しいシステムの運用担当マネジャーに昇進するのかも知れない。いずれも、〈離陸〉に相当する状況があなたを待っている。同じように〈方向転換〉〈針路修正〉〈高度維持〉いずれも、規模の大小を問わず、どんな企業どんな職階にも起こりうる。

〈四つの状況〉のサイクル

先に挙げた〈四つの状況〉の関係を図3-1に示した。どんな事業も、またプロジェクト、プロセス、製品、プラント、ある状況から別の状況へと移っていくものであり、その変化はある程度予測することができる。この図から、それがおわかりいただけるだろう。新しい組織に移るとき、その組織がこれまでどう変わってきたかを知っておけば、これからの推移も予測できるし、そこに潜む課題をみきわめ機会をみつ

図3-1 〈四つの状況〉モデル

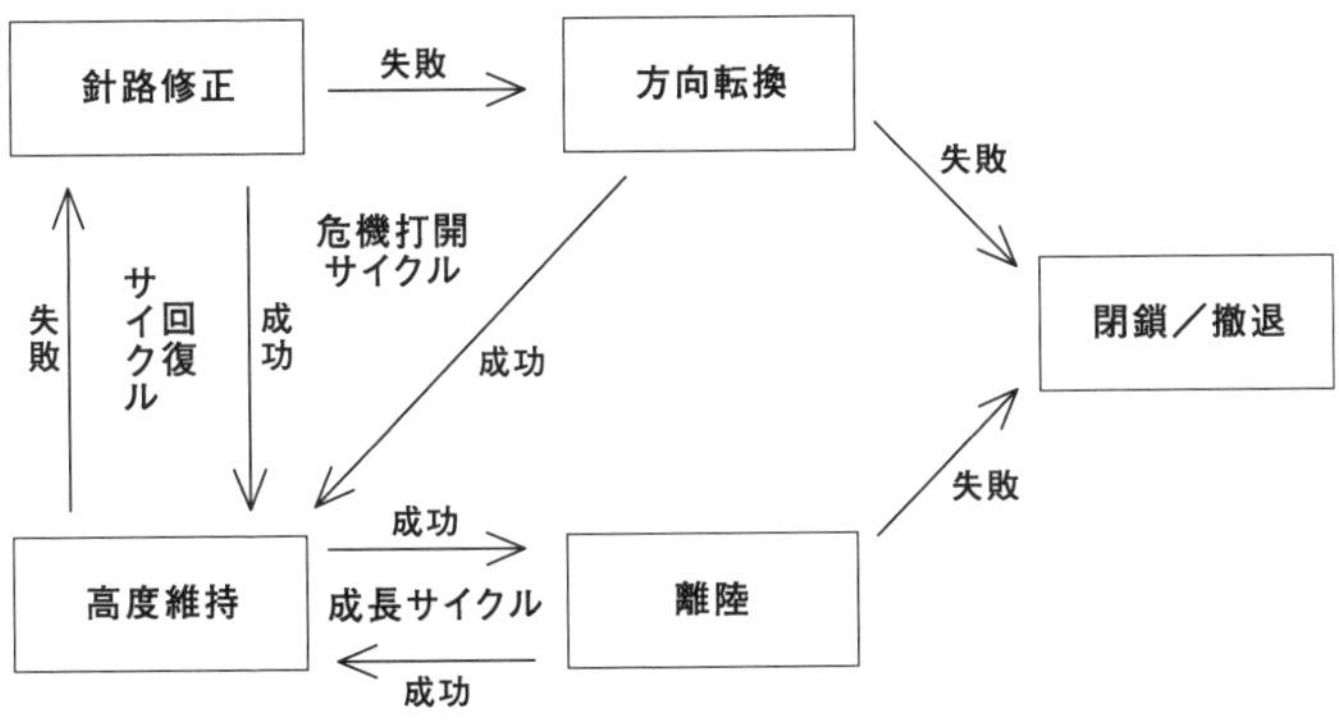

ける役に立つ。

まずは〈離陸〉からみていこう。何らかの事業を立ち上げ、育て、成功させれば、〈高度維持〉の状況に移行する。新規事業をうまく離陸させたマネジャーは再び新規事業を任され、大規模事業の運営にたけたマネジャーと交代するケースが多い。成功した事業のなかからは新製品やサービス、あるいはプロセスや技術が生まれる。

だがこの過程でエントロピーは増大していく。こうして事業は健全な成長サイクルに入っていく。撃を受けるなどして、事業は次第に嵐へと向かい始める。慢心して気がゆるんだり、あるいは外部から打危機的状況とまではいかなくても、嵐の前兆がみえてきて、〈針路修正〉が必要になってくる。

である。企業の場合、〈針路修正〉では経営資源の配分見直しが必要になることが多い。陳腐化した製品ラインを打ち切る、新技術開発に力を入れる、などである。そのためには戦略、組織、スキル、場合によっては文化まで根本的に変えることが望ましいケースも出てくる。〈針路修正〉がうまくいけば、再び安定した巡航高度に戻すことができる。これを回復サイクルと呼ぶ。ここで難しいのは、成功し安定していた事業の場合、なかなか修正の必要性を社員が認めたがらないことである。嵐に向かっているにもかかわらず、まだまだこのまま飛べると考えてしまう。

〈針路修正〉に失敗すると、全面的な〈方向転換〉が必要になる。前任者が修正を拒み続けた場合などに、こうした状況に陥りやすい（いずれにせよ、巡航高度からいきなり方向転換が必要になるケースはめったにない）。原因は何であれ、見通しが暗く、赤字が続き、有能な人材が流出するようになったら、大々的な外科手術が緊急に必要なのは明らかだろう。不振事業の〈方向転換〉には新しいリーダーが望ましい。まだ救えそうなコア事業をすみやかに救い出して立て直し、見込みのない事業は切り捨てる。苦痛に満ちたプロセスだが、うまくいけば再び巡航高度まで導くことができる。これを危機打開サイクルと呼ぶ。方向転換に失敗したら、その事業は閉鎖または撤退するしかない。

こうしたサイクルを理解しておくことはきわめて重要である。あなたが新しい組織に移るとき、これまでの経緯がどうだったのか、今はどの局面なのかを知らないままだと、どう進めばいいのかわからない。たとえば〈針路修正〉の局面だったら、これまで成功した要因は何か、うまくいかなくなった原因は何かを知らずして対処することは不可能である。まずは状況を知ること。歴史家になったつもりで臨んでほしい。

状況に伴う課題と機会

直面するのが四つのうちどの状況であっても、リーダーが目指す最終目標はただ一つ、事業の成功と成長である。だが状況によって取り組むべき課題は違う。好調な事業を引き継ぐのなら(高度維持)、それまでの組織を温存しつつ自分なりのやり方を主張しなければならない。新製品の発売を任されたのなら(離陸)、組織づくりからあなたの責任になる。綻びがみえ始めた状況だとし

表3-1 〈四つの状況〉に潜む課題と機会

状況	課題	機会
離陸	・ゼロから組織やシステムを立ち上げる ・強力なチームを編成する ・限られた経営資源で最善を尽くす	・初手から自分のやり方で進められる ・新しい地平を前にして、全員に勢いがある ・発想が自由で、窮屈な縛りがない
方向転換	・やる気のない社員／ステークホルダーに活を入れる ・時間の無駄は許されない。すみやかに断固たる行動をとる。 ・痛みの伴う改革や人員整理は中途半端にやらない。	・荒療治の必要性を誰もが認めている。 ・影響を受けるプレーヤー（取引関係を継続したいサプライヤーなど）が社外から改革を後押ししてくれる。 ・初動段階で成功すると、その後はドミノ効果が期待できる。
針路修正	・深く根を下ろし足かせとなってしまった文化や気風を退治する。 ・慢心した社員に変革の必要性を認めさせる。 ・管理職の考え方を変え、組織の目標を見直す。	・人材や技術などの強みが温存されている。 ・栄光の座を死守しようとする強い意志がある。
高度維持	・問題を起こしかねない決定を避け、現在の強みを上手に生かす。 ・尊敬されているリーダーの顔を立て、そのリーダーがつくったチームと良好な関係をつくる。 ・現組織を温存しつつ、事業を次の段階に導く方策を練る。	・強力なチームが活躍している。 ・メンバーは好業績を続けようという気概にあふれている。 ・継続的な成功の下地（たとえば有望な製品が商品化段階にある）が整っている。

たら（針路修正）、まずは過去を謙虚に見直す必要性に気づかせるべきだ。

そしてそれぞれの状況には機会も潜んでいる。それをうまくみつけられれば、あなたは有利にことを進められるにちがいない。抜本的な改革が必要な状況なら（方向転換）、誰もが荒療治は避けられないと覚悟を決めているので、大胆な行動をとりやすい。クレアが直面したような状況なら（針路修正）、そこにはまだ有能な人材、有望な製品や技術がある。こうした強みをみきわめられれば、変化を導く足場をしっかり確保できる。それぞれの状況に伴う代表的な課題と機会を表3-1にまとめた。

〈四つの状況〉の心理

〈四つの状況〉のどこに置かれているかによって、心理や感情は変わる。たとえば新規事業に参加するメンバーは、敗北必至のチームよりも、当然ながら希望に満ちいきいきしている。だが彼らは、大転換するしかないチームに比べると無秩序でまとまりがない。エネルギーを一つの方向に取りまとめるビジョンや戦略が何もないからである。ただし転換を迫られているチームも、何が問題点かわかってはいても、どうしたらいいかはわかっていないことが多い。

このように新任リーダーがうまくやれるかどうかは、職場の心理状態を変えられるかどうかにもかかわってくる。〈離陸〉するときの心理は興奮と混乱だ。リーダーの仕事はエネルギーを生産的な方向に向けることであり、そのためには「してはいけないこと」をある程度決める必要がある。〈方向転換〉のときは、絶望し投げやりになりかかっている部下と向き合わなければならない。トンネルの先に光があることを信じさせるのがリーダーの仕事になるだろう。〈針路修正〉では、うまくいっている事業の見直しには大方が否定的であり、そのなかを敢然と突き進まなければならないかも知れない。そして〈高度維持〉の局面ではわざわざ課題を作り出し、気のゆるんだ面々に新たなモチベーションを与える必要がある。慢心を戒め、組織としても個人としてもさらなる成長を目指す方向へもっていくことがリーダーの役割になる。

〈四つの状況〉と行動パターン

〈四つの状況〉のどれかによって、求められるマネジメントのスキルも違ってくる。〈離陸〉や〈方向転換〉の場合は、「狩猟民族型」の行動が望ましい。機敏に動きすばやくチャンスをつかむ。たとえば〈方向転換〉するとなれば、何よりも大切なのは状況（市場、技術、製品、戦略）をすばやく診断し、不要な贅肉を削ぎ落とし、死守すべきものだけに絞り込むことだ。不完全な情報しか手に入らなくても、果断な行動に打って出ることが求められる。

これに対して〈針路修正〉と〈高度維持〉では、「農耕民族型」の行動がふさわしい。大胆な指導力よりもさりげない影響力の行使の方が好ましく、まずは文化や力関係の理解が必要になる。

変革の必要性に目覚めてもらうためには、状況認識を共有し、オピニオン・リーダーを誘導し、他社の動向に気づかせるなど、忍耐強い努力も欠かせない。

別の見方をすれば、〈方向転換〉の局面では問題の存在そのものが変革の必要性を警告してくれる。しかし〈針路修正〉の局面では、リーダーが問題の存在を教えなければならない。〈方向転換〉では「構え、とにかく撃て」でよい。手探りで前進し、状況がわかってきたら微調整する。だが〈針路修正〉では（多分に〈高度維持〉でも）「構え、狙え、撃て」になる。時間的にそれほど切迫していないので、よく事情を把握したうえで正しい戦略を立て、支持を勝ち得、適切な指示を出すことが大切になるからだ。

このように、状況によって求められることはかなり違う。〈針路修正〉や〈高度維持〉の局面では狩猟民族型リーダーはしくじりやすいし、〈離陸〉や〈方向転換〉は農耕民族型リーダーにとっては鬼門かも知れない。〈方向転換〉に慣れたリーダーは、〈針路修正〉の局面であっても頭ごなしに決めつけ、性急に行動し、不要な摩擦を起こす危険がある。一方、〈針路修正〉の経験が豊富なリーダーは、〈方向転換〉の局面で動きが鈍く、コンセンサスを得るのに無駄なエネルギーを費やし貴重な時間を浪費しかねない。

だからといって、優れた狩猟民族型リーダーが農耕民族型になれない（あるいはその逆）というわけでは決してない。有能なマネジャーは、どの状況にも巧みに対処する術を心得ている（とは言え全部に同じように長けたマネジャーは存在しない）。重要なのは、自分の性格やスキルを冷静にみきわめることである。いま現在の状況を切り抜けるのにふさわしいやり方は何か、トラブルを引き起こしそうなのはどれか、よく考えよう。鍬が必要なときに弓矢を引っ提げていかないように。

〈四つの状況〉と短期的課題

直面している状況がはっきりすれば、最初の九〇日で何をすればよいかがみえてくるだろう。新任リーダーはまず次の三項目を決めておきたい。状況をつかんでいれば、適切な決断を下しやすいと思う。

(1)学習と行動のどちらに力を入れるか。
(2)攻めと守りのどちらに力を入れるか。
(3)緒戦の勝利はどこで狙うか。

学習か行動か

新しい職場についての理解を深めるために十分に時間を費やすべきか。それとも決断し、改革する——つまり行動すべきか。両者の望ましいバランスは、〈四つの状況〉のどれに直面しているかによって大きく違う。〈方向転換〉や〈離陸〉の局面では、とにかく行動あるのみ。完全に情報を把握していなくても、着任早々から強い指導力を発揮したい。学習に時間をとられているうちに状況は手に負えなくなり悪循環に陥りかねない。的がはっきりしなくてもとにかく撃ち、周囲がみえてきてから照準を合わせ直せばよい。

だからといって、〈方向転換〉や〈離陸〉の局面で学習が不要というわけではない。だがこの局面で必要な学習は、基本的には具体的なことである。とりあえず知っておかなければいけないのは、自分の部署で扱う製品、市場、プロジェクト、テクノロジー、戦略などだが、これらは最も学習しやすい科目と言える。

これに対して〈針路修正〉や〈高度維持〉の局面では、学習すべき科目が違ってくる。というのも、「自分たちは優秀だ」「仕事はとてもうまくいっている」と思い込んでいる人たちを相手にしなければならないからだ。彼らは何かを変える必然性を感じていない——それどころか、あなたの指示すら必要としていない。着任早々に失敗をしでかすと、とくにそれが組織の伝統的な強みを危うくするものと受け取られた場合、代償はきわめて高くつく。しかしありがたいことに、この局面では学習に費やす時間がたっぷりある。あわてて行動する必要はまったくない。慎重に照準を合わせてから撃てばよい。

〈針路修正〉や〈高度維持〉の局面では、まずは組織の文化や気風、人間関係や力関係を理解しよう。前章のクリスのように過去の経緯や文化を知らないままだと、判断ミスは避けられない。

既におわかりのように、文化や人間関係について学ぶのはたいへん難しいし時間もかかる。だが「石橋を叩いて渡る」つもりなら、学習時間はたっぷりとれる。これらの局面では、本章のクレアのように即断から行動に走ることは慎むべきである。

攻めか守りか

まずは攻め（新市場、新製品、新技術の開発など）を主力にするのか、それとも守り（シェアの確保、現在の評判の維持、既存製品ラインの拡張など）か。

言うまでもなく、どんな状況でも最終的には両方をしなければならない。だが着任後すぐの時期にどちらに軸足を置くかは、状況によってずいぶん違う。〈離陸〉の局面では、攻め一本槍でよい。あなたが呼ばれたのは新しいことをす

表3-2 〈四つの状況〉と重点項目

	攻め	守り
学習	針路修正	高度維持
行動	離陸	方向転換

るためだ。それに、守るべきものは何もない。対照的に〈方向転換〉では、まずは守りに徹する。残すべき優れた事業や製品などを峻別し、不要な贅肉を削ぎ落とし、次の一手に備えて収益源を確保する。それができてから初めて攻めに転じ、成長につながる新しい足場を探せばよい。

〈針路修正〉と〈高度維持〉にも同様の違いがある。〈針路修正〉で重要なのは、上手に微調整して新しい方向に向かわせることだ。既存の市場や製品で守りたいものも当然あるが、基本的には新しい攻めの一手を考えるべきだろう。逆に〈高度維持〉の局面では、まずは高収益源を温存し、目玉商品を失う愚を避ける。その一方で時間をかけてじっくりと新しい段階へと展開する策を練りたい。

着任すぐの期間にエネルギーをどこに重点的に注ぎ込むべきかを表3-2に示した。

緒戦で勝利を収める

新しい職場で物事をスムーズに進めていくためには、緒戦で勝利をものにしなければならない。どの方面で勝ちを狙うかは、状況によってかなり違う。〈離陸〉の局面なら、まずは適切な人員でチームを編成し戦略目標を絞り込むことが大切だ。手を出すべきでないことを最初に決め、横道に逸れないよう規律を徹底する。〈方向転換〉の場合には、適材適所ももちろん大切だが、それと同じくらい、死守すべきコア事業や製品をみきわめることが重要になる。枝葉を切り落として身軽に前進する態勢を整えることこそが緒戦の勝利と呼べる。そして〈針路修正〉では、改革の必要性を気づかせ重い腰を上げさせることが何よりも大切だ。これに対して〈高度維持〉の局面では、その組織が誇ってきた成功や業績の主要因を知り、それに対する理解を示すことがあなたにとっての勝利になる。この勝利を収めたとき、初めてあなたは、将来につながる意思決定を下す権利を認められるだろう。

状況診断

あなたが置かれた状況は、〈離陸〉〈方向転換〉〈針路修正〉〈高度維持〉の四つにはっきり分けられないことがある。大局的にみればいずれかに分類できるとしても、パーツ——製品、プロジェクト、プロセス、プラント、人材等々——に分解したとき、必ずしも状況が一様ではないことがあるだろう。

表3-3 置かれた状況をパーツに分解する

離陸	方向転換
針路修正	高度維持

たとえば、売れ行きのよい商品を抱えて着実に業績を伸ばしている部門に着任するとしよう。しかしそのなかのあるグループは、新技術を駆使した革新的な製品の発売準備をしているかも知れない。あるいは大手術が必要な事業を任される場合であっても、最先端技術を誇りフル稼働中の工場があるかも知れない。

そんなファジーな環境では、まずはパーツに分解してそれぞれが〈四つの状況〉のどれに属するかを診断するとよい。こうすれば、パーツごとに課題を把握し機会を見つけられるし、なぜパーツごとに方針や戦略を変えるかの説明もしやすい。

最初に時間をとって状況を分解し、表3-3に従って分類するとわかりやすい。そしてそれぞれをどう進めるか、あなたは何をしたらいいか、相手に何をしてほしいか考えてみよう。

〈四つの状況〉と報奨

〈四つの状況〉を理解していると、部下の評価や報奨をどうしたらいいかもおのずとわかってくるだろう。ちなみに〈四つの状況〉それぞれでうまく成果を上げられた場合、どの状況での成果が最も評価され、どれが最も評価が低いと思うか、新任リーダーたちに質問してみたことがある。答は、〈方向転換〉が最も高く評価され、〈針路修正〉が最も低いというものだった。

考えてみれば、これは当然かも知れない。〈方向転換〉に成功すれば、派手に成果が上がり、数字にも表れる。その意味では〈離陸〉の成功もこれに近い。しかし〈針路修正〉の場合、成功とは災厄を未然に防ぐことであるから、成果を数値で示すのは難しい——言ってみれば、吠えなかった犬にご褒美をあげるようなものである。また〈針路修正〉をするためにはまずは修正の必要性を辛抱強く説き、コンセンサスを醸成しなければならない。その結果として何かが変わり始めたとき、それはリーダー個人の実績というよりグループの実績として評価されがちだ。〈高度維持〉の場合にも同じような問題がある。たとえば電力会社がうまく運営されている場合、「今日も電気をつけてくれてありがとう」と言ってくれる人はまずいない。だが短時間でも停電すれば、轟々たる非難の嵐が直ちに巻き起こる。

不振に陥った事業を見事に〈方向転換〉させたリーダーに気前よく報奨を与える——結構なことにみえるが、そこには重大な矛盾が潜んでいる。有能なリーダーで〈針路修正〉をやりたがる人はめったにいない。誰もが〈方向転換〉や〈離陸〉に伴う大胆な行動をやりたがり、それに伴う評価を求める。だが〈方向転換〉が必要になる前に事態の悪化を食い止めるのは誰なのだろう。〈方向転換〉が失敗すれば危機へと進むことを考えれば、〈方向転換〉したリーダーに厚く報い〈針路修正〉したリーダーを無視するのは、事業が危機的状況に陥る可能性を高めるようなものではないか。不出来な前任者が事業をめちゃめちゃにしたところで、颯爽と現れる有能なリーダーが事業を救い出す。これではクレアの後任者は、きっと救世主のようにみえることだろう。

したがって、実績評価は〈四つの状況〉それぞれに応じて行わなければならない。〈離陸〉と

〈方向転換〉の局面では、評価は簡単である。目に見える成果を評価すればよいからだ。

しかし〈針路修正〉と〈高度維持〉の局面では、評価は格段に難しくなる。〈針路修正〉の場合、おそらく「予想したほど悪くはないがまだまだお粗末」という程度の成果しか上がらないだろう。あるいは危機が回避できただけで(これだけでも大変なことだが)、目に見える成果は何もないかも知れない。〈高度維持〉の場合も同様である。この局面での成果は、「ライバルの一斉攻撃を受けたにもかかわらずシェアの微減で踏みとどまった」とか、「成熟期を迎えても売上高は数パーセント減ですんだ」程度かも知れない。〈針路修正〉と〈高度維持〉の局面では、他の行動をとっていたらどうだったか、別の人間が責任者だったらどうなのかがわからない。比較評価の対象が未知の要素なのだから、適正な評価を下すのが難しいのも当然だろう。だから新任リーダーが直面した難事業をよく理解し、彼らがとった行動の意味をよく考えて評価してあげることが大切である。

〈四つの状況〉と人材育成

最後に、四つの状況に従って人材を選び育成することを考えてみよう。状況に対処する能力は、幅広い能力開発の一環と捉えるべきである。能力開発は、一般に次の四つの要素から構成される。

(1)管理能力
(2)国際経験
(3)キャリア形成
(4)状況対応能力

大手企業の多くは、有能な人材に1と2を通じて経験を積ませる。つまりさまざまな部署の管理職を経験させ、また国外に赴任させたり派遣したりする。また3の観点からさまざまなポストを経験させてリーダーシップ養成に力を入れる企業も増えてきた。こうした企業では、幹部候補社員にキャリアの節目を迎える準備教育を施している。ラム・チャランらが指摘するように、初めて管理職になってから、次には管理職を束ねる上級管理職になり最後は会社全体を統括する地位になるまでには、何度も重要な節目をくぐり抜けるからである(原注1)。あるレベルから次のレベルへ上っていくとき、ゲームのルールは大幅に変わるし、求められるスキルも相当違ってくる。

そして4の状況対応能力は、後継者育成計画の一環としてぜひ採り入れてほしい。あなたの会社ではスペシャリストが望まれているだろうか——たとえば方向転換には方向転換の辣腕マネジャーという具合に。それとも、どんな局面にも対処できる万能型マネジャーが好ましいのだろうか。前者の場合には性格や志向性を見抜いてスペシャリストを育成し、それぞれに合った状況に投入して次第に責任を持たせるようにする。後者の場合は未来のジェネラル・マネジャーにふさわしい人材を選び、さまざまな局面を経験させて助言を与えるとよい。

社外から採用する場合はどうだろう。たとえばライバル会社から有能な人材を引き抜いたとしよう。〈四つの状況〉のうち、この「外来種」リーダーが最も失敗しやすいのはどれだろうか。答は〈針路修正〉である。誰だって、つい先頃まで競争相手だった人物から「あなたたちの事業は自分で思うほどうまくいっていない」と言われて素直に信じる気にはならないだろう。リーダーの座を密かに狙っていた社内の人間はなおさらだ。これで恨まれずに済んだら驚きである。このようにうかつな人事を行ったり、サポートや配慮を怠ると、新米リーダーをみすみす窮地に追いやってしまうことになる。

チェックリスト

1 いま直面しているのは、〈四つの状況〉のうちどれか。
2 その状況で取り組むべき課題は何か。またどんなチャンスがあるか。
3 その状況で何を学ぶべきか。専門的な知識か、それとも文化や人間関係か。
4 自分に備わっているスキルや長所のうち、いまの状況で役に立ちそうなものはどれか。逆に妨げとなりそうなものはあるか。

5　新しい職場ではどんな感情や考え方が支配的か。職場の雰囲気をどんなふうに変えたいか、そのためにはどうすべきか。

6　作戦としてはまず攻めるべきか、それとも守るべきか。

7　状況をパーツに分けて分析しよう。職場のどの部分が〈離陸〉〈方向転換〉〈針路修正〉〈高度維持〉に直面しているか。それぞれについて部下をどのように管理すべきか。

第四章 緒戦で勝利を目指す

第四章では、ある大手小売企業のコールセンター長に抜擢されたばかりのエレナ・リーを紹介しよう。昇進したとき、彼女はあることを心に決めた。規則ずくめで何かと権力を振り回す前任者のやり方を断固改めることである。エレナは、コールセンターが抱える問題をよく知っていた。スタッフに経営参加を促し何でも言いやすい雰囲気作りに努めれば、必ずもっと働きやすい職場になるはず――エレナはそう確信し、組織文化の改善を最優先課題に掲げる。

エレナはまず自分の目標をはっきりと表明した。メモを書き、少人数のグループでミーティングを繰り返し、誰でも気軽に発言し全員で問題に取り組める職場にしようと訴えた。だが滑り出しは最低だった。現場のスタッフはエレナを不信の目で見るし、管理職たちは彼女の提案など歯牙にもかけない。

しかしエレナはめげずに次の段階へ進む。管理職クラスと週二回のミーティングを行い、コールセンターの実績をチェック。どうすればカスタマー・サービスを改善できるか検討した。「失敗を処罰するやり方は今の時代に合いません。まずはコーチングを優先しましょう」とエレナは主張。どうしても罰則規定を適用しなければならないときは、当面はエレナ自身が最終判断を下すことにした。

数週間が経つうちに、新しいやり方に適応しているのは誰か、相変わらず厳罰主義で臨んでいるのは誰かがわかってきた。そこでエレナは正式な実績評価を行い、強情な二名を能力改善プログラムに送り込むという対抗策に出る。すると一名は即座に退職。残る一名は改善に努めるようになった。

並行してエレナは、コールセンターの業務にとっていちばん大事な要素、すなわち顧客満足度とサービスのクオリティの厳密な評価を行い、いちばん優秀な管理職と現場スタッフを選んでプロセス改善チームを編成し、新しい実績評価基準を検討すること、懲罰的でないスタッフ管理やコーチングを計画することを一任した。どのように進めてほしいかを最初に助言した後は、エレナは後見役に徹し、チームから提案があれば、直ちに一部の部署で試験的に導入した。退職した例の管理職に代わって改善チームのメンバーをチーフに昇格させ、試験運用を任せたのである。

こうして一年が過ぎる頃、エレナは試験運用した新しいプロセスの全面的な導入に踏み切る。サービスは目に見えて向上し、意識調査の結果からも、スタッフの士気と満足度が驚くほど上がったことが確かめられた。緒戦でのこの成果のおかげで、エレナはプロセス改善を軌道に乗せ、同時に自分自身に対する信頼も勝ちとる。〝Right from the Start〟(原注1)でも強調したとおり、着任後早い時期に結果を出すことは、新任リーダーの能力の証と言える。九〇日の移行期間が終わる頃には、上司にも、そして同僚や部下にも、何か新しいことが始まるのだと感じさせたいもの。緒戦の勝利は彼らを元気づかせ、希望を与え、あなたへの信頼感を高める。ひいては新しい職場の業績や評価も上がり、あなた自身はブレークイーブン・ポイントに早く達することができるだろう。

陥りやすい罠を避ける

早い段階での成果は大切だが、単なる拙速では意味がない。それに言うまでもなく、緒戦での負けは絶対に避けたいところである。いったん逆風が吹き付けるようになったら、挽回するのはとても難しい。新任リーダーにありがちな失敗をここでいくつか挙げておこう。

的を絞りきれない——あちこちに手を広げすぎるのは、新米リーダーが犯しがちな失敗である。スティーブン・リーコックが指摘するように、最後は酔っぱらいの騎手よろしくあてどもなく走り回る結果になりかねない(原注2)。わずか九〇日の移行期間中にあれもこれもと欲張ってはいけない。大事なのは有望なフィールドをみきわめ、そこで得点を上げるべく全力を尽くすことである。

置かれた状況を考えない——何をもって「勝利」とするかは、事業の状況によってまったく違う。たとえば〈針路修正〉の局面では、社員の声に耳を傾け、組織が抱える課題について率直な意見を聞き出すことが最も大切である。だがそれは、〈方向転換〉に迫られたときには時間の無駄でしかない。何を最優先すべきか、作戦をよく練ろう。誠実に耳を傾け学ぶ姿勢を示すべき状況なのか、それとも差し迫った問題を解決すべく機敏に指導力を発揮すべき局面なのだろうか。

組織文化に順応できない——社外から新しいポストに就任する新任リーダーは、この失敗を犯しやすい。違う組織の文化を身につけているため、何をどのようにやるか、自分なりの方針が固まってしまっている。たとえば個人の実績が重視される会社もあれば、個人技に走るのはチームワークを乱すと問題視される会社もある。和を重視する環境では、新製品開発チームをうまくまとめるとか、チームに溶け込むといったことが評価される。新しい職場では何が尊ばれるのか、まず最初に知っておこう。

上司の意向を無視する——緒戦の勝利は、直属の部下にやる気を起こさせる点で非常に効果的である。だがその勝利は、ぜひとも上司が重視するフィールドで上げたい。何と言っても、上司の意見はきわめて重い。たとえ賛同できなくても、まずは彼らの顔を立てるべきだろう。上司が気にかける問題にしっかり取り組めば、信頼関係が醸成される。そうなればあなたは動きやすくなり、予算・人材面でも配慮してもらえるようになる。

結果は出してもやり方がまずい——ただ勝ちさえすればいいというものではない。勝ち方も問題である。たとえ成果を上げても、形だけ取り繕ったものだったり、不正なやり方や組織文化になじまない手段を使ったりすれば、結局はトラブルになる。職場に根づかせたいような模範的なやり方で勝利を収められるなら、それは二重の勝利と言えるだろう。

改革は波のイメージで

昇進後の移行期間は、単独で考えるのではなく、在任期間全体のなかに位置づけるとよい。ジャック・ギャバロはさまざまな業種で新しく取締役に昇進した人を対象に調査を行い、次ページの図4-1のように彼らが改革を波状的に計画し実行していることを突き止めた(原注3)。新職場のことがわかってきたら、改革の波を起こす。やがて波のペースはゆっくりになり、調和や学習の深化が進み、おだやかな凪の時期に入る。しかしよくみると、この時期にも構造的な改革の波が深く静かに進行している。そして最後は小さな波で仕上げをし、組織の能力を最大化する。ここに到達する頃には、有能なリーダーの多くは次の段階に移る態勢に入っている。

ギャバロの研究結果から、移行期を乗り切る大切なヒントを読みとることができる。新しい職場で自分は何を一番したいのか、それを念頭において緒戦の作戦を立てるということだ。移行期は数カ月ほどにすぎないが、あなたの在任期間はおそらく二〜四年に及ぶだろう。その間に信頼を勝ち得、改革し、長期目標を達成しなければならない。緒戦の勝利は、目標を目指す長い道のりの貴重な第一歩となる。

うねりを起こす

改革を波のイメージで捉えれば、在任期間全体を視野に入れた計画を立てやすくなる。一つひとつの波には、学習する↓改革案を練る↓支持を取り付ける↓改革を実行する↓結果を検討するという流れがある。学習し準備したうえで改革を実行し、その後に結果評価の時間をとることが大切だ。矢継ぎ早に変えてばかりでは何がうまくいき何が失敗したのかみきわめられな

図4-1 変化の波を計画する

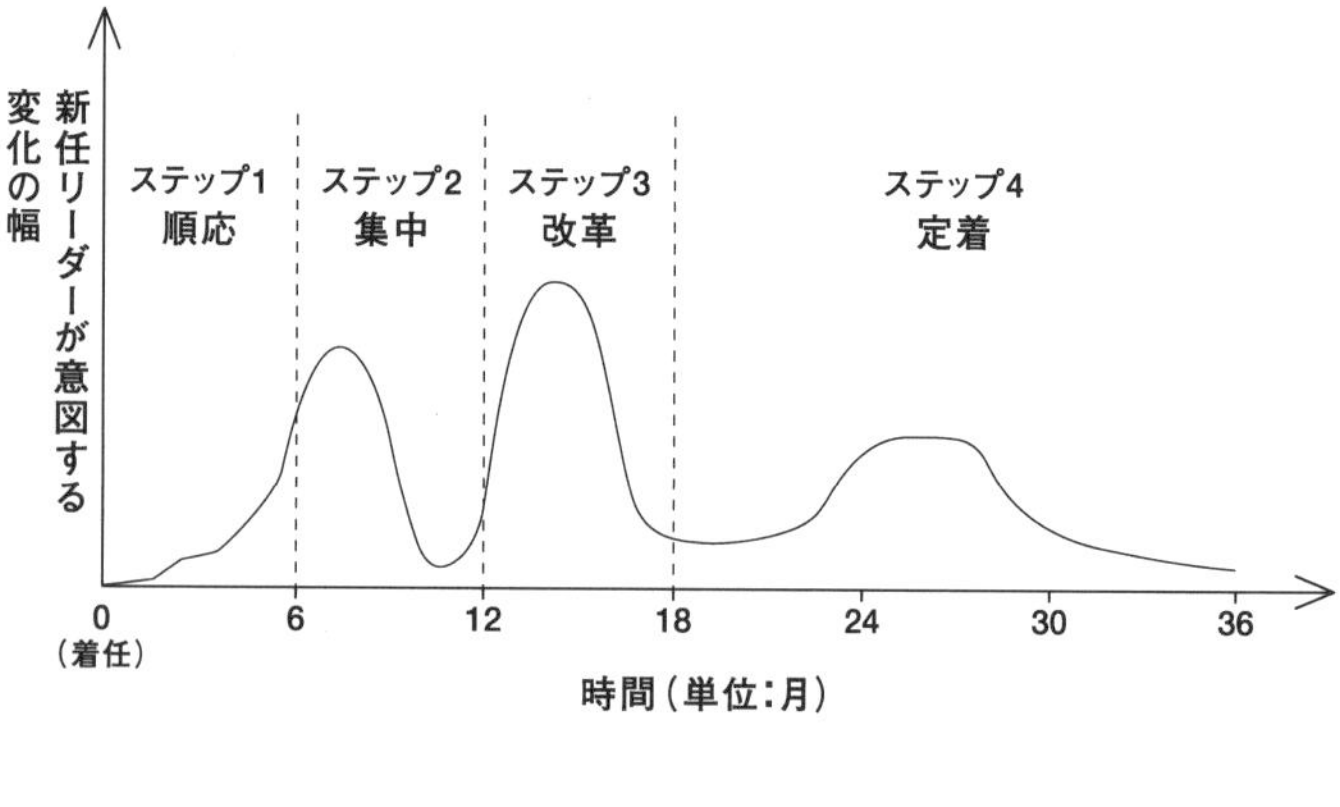

いし、部下を消耗させてしまうだろう。

第一の波の目標は、緒戦の勝利を確保することである。着任間もない時期の試みはよくよく念を入れて成功させ、信頼を勝ちとり、上司や部下といい関係を築かなければならない。大事なのは、手の届く果実をみきわめて抜かりなくもぎとること、つまり短期的な業績改善のチャンスを確実にモノにすることである。これに成功すればその後の行動にも弾みがつくし、あなたの学習も一段と深まるだろう。

第二の波では、戦略・組織・制度・能力など、より根本的な問題に取り組んで改革していく。成功すればさらに大きな成果を上げられる。しかし最初の波で負けを喫していたら、ここでの勝利はおぼつかないことをお忘れなく。

状況に合った戦略を立てる

波のパターンは、第三章で取り上げた〈四つの状況〉のどれに直面しているかによって、大きく異なる。それぞれの状況で波の速さや強さはどう違うのだろうか。時間が切迫している状況、すなわち〈離陸〉や〈方向転換〉では、第一の波を早く強く起こさなければいけない。これに対して〈針路修正〉や〈高度維持〉では、波を起こす前に学習や計画の時間をとる余裕がある。とくに安定した好業績が続く状況では、大津波を起こすのではなく、小さなさざ波をいくつも起こす方が好ましいことがある。

長期目標を立てる

新任リーダーは最初の九〇日間で信頼を勝ちとり、流れを自分に引き寄せたい。そのためには早く結果を出すことが大切だ。緒戦で勝利を収めればあなたは一目置かれ、その後の行動がぐんとやりやすくなる。

勢いに乗るためには最初が肝心だ。緒戦で勝利を上げ、周囲から一目置かれるようになれば、長期の目標に向けて足場を固めることができる。ただしやみくもに勝利を目指すのではなく、事業の目標から逸脱しないよう注意すること。また職場に根づかせたい習慣や価値観を常に意識し、それに反する行動をとらないよう心がけたい。要するに初勝利を狙う段階から、在任期間中に「どうしてもこれだけはやりたい」という長期目標を念頭において計画を立てることが大切である。

在任期間中に何をしたいか

在任期間の終わりまでにどうしてもやりたいこと——あなたにとって、それは何だろうか。長期目標は、二つの要素から組み立てるとよい。一つは仕事上の目標（業績目標）、もう一つは望ましい行動や価値観（意識・行動改革）である。業績目標は、達成度を測定できる具体的な目標がよい。たとえば二桁台の増益、製品欠陥率の大幅改善、というふうに。エレナの場合には顧客満足度の大幅改善だった。このようにゴールがはっきりみえていれば、チームを導くのはたやすい。
また、あなた自身のキャリアも考えておきたい。このポストを離れるとき、どんな評価をしてもらいたいだろうか。次に辞令をもらうとき、現職での業績について、考課表にどう書いてもらえたらうれしいだろう。二、三年先の次の異動（願わくば昇進）のとき、こんなふうに評価されたい――それを考えながら、自分で考課表を書くつもりで長期目標を練り上げよう。

業績目標を決める

さてそれでは、業績目標はどうやって決めればいいだろうか。上司が既に決めていて、選択の余地はないことも多い。しかしあなたに任されているとき、あるいは上司と交渉の余地があるときは、以下を参考に考えてほしい。

組織が抱える主要課題と関連づける――業績目標は、職場が直面している大きな問題とリンクさせなければならない。それは裏返せば、業績改善に寄与する大きな機会でもある。エレナは、サービスのクオリティが業績貢献度の高い要素であると同時に、部下のやる気を引き出す原動力でもあることを見抜いた。エレナの場合に数値目標を設定するとしたら、一年以内に顧客満足度を六〇％高めるといった具合になるだろう。

大まかすぎず細かすぎず――業績目標はある程度具体的で、数値基準や中間目標を立てやすいことが大事である。たとえば製品開発の期間短縮を目標にするなら、もうすこし短期〜中期的な数値目標（何カ月以内に現在の半分に短縮するなど）を掲げるとよい。だからといって、数日単位の目標を設定するのはやりすぎである。

方向を定めるが、軌道修正の余地を残す——業績目標の設定は、ある程度まで試行錯誤に頼ることもやむを得ない。始めにはっきりした方向性を打ち出す必要はあるが、その後も修正・再評価を繰り返さなければいけない。くれぐれも目標の修正を恐れないように。たとえば流通システムの改善を目標に掲げ、「出荷から納品までの日数を一八カ月以内に五〇％短縮する」と決めたとしよう。成功すればたいへん効果的な、よい目標だ。だが事態の進展に伴っていろいろな事情がわかってきたら、微調整してかまわない。

意識・行動改革を考える

業績目標が定まったら、今度はそれをどう達成するか。このプロセスで、行動や価値観が問題になってくる。つまり在任期間の終わりまでに目標達成を目指すなら、それを阻むような行動を排除しなければならない。

まずは、何が好ましくないのかみきわめることから始めよう。たとえばエレナは、上の命令が絶対で下は処罰を恐れてびくびくする雰囲気は好ましくないと考えた。次に、在任期間の終わりまでに職場の意識や部下の行動をどう変えたいかはっきり示し、それに沿って、早めに成果が出

表4-1 好ましくない行動パターン

欠けているのは…	症状は…
フォーカス	・優先順位が決まらない ・手を広げすぎている ・経営資源が広く薄くばらまかれている、奪い合いが起きる ・問題の根本的な解決に取り組む人ではなく、巧みに対症療法を施す人に報奨が与えられる
規律	・個人の実績に甚だしいばらつきがある ・各人が勝手なことをするとどんな悪影響があるか、誰も理解していない ・目標を達成できないと言い訳をする
革新性	・業績評価が社内の基準だけに基づいて行われる ・製品・プロセスの改善がなかなか進まない ・既成概念を打ち破る人ではなく、そつなく実績を上げる人に報奨が与えられる
チームワーク	・チームの目標達成よりもメンバー同士の主導権争いが激しい ・縄張りを拡げたメンバーに報奨が与えられる
危機感	・顧客のニーズを考えようとしない ・自己満足に陥り、「うちのやり方がベストだ」などの発言が目立つ ・事態の緊急性・重大性を理解しておらず、「あわてるには及ばない」「たいした問題ではない」などの発言をする

るような計画を立てる。あなたの職場では、業績改善の妨げとなるような行動や習慣がはびこっていないだろうか。表4-1の問題行動パターンを参考にして、改善したい行動や価値観について考えをまとめてほしい。

緒戦で確実に勝つ

業績目標がはっきりし、排除したい行動パターンも明らかになったら、いよいよ緒戦で勝負に出る計画を立てよう。九〇日を二段階に分け、最初の三〇日では信頼関係を築くことを目指し、残り六〇日で有望分野での業績改善に集中する。

信頼関係を築く

着任早々に、業績面で華々しい成果を上げるのは難しい。だが着実に根を下ろし、何かが変わり始めるという期待を呼び起こすことはできる。最初の三〇日間は、あなた自身を信頼してもらうことから始めよう。

新米リーダーが最初に何をするか。それによって、リーダーに対する見方の大半は決まってしまう。だから、新しい職場にどのように一歩を踏み出すか、よくよく考えよう。自分はどんな人間で何をしたいのか。それをわかってもらうためにどんなメッセージを発信するか。そのための最善の方法は何か。また発信する相手は誰か――直属の部下か、社員全員か、それとも顧客まで含むのか。この段階では、どうすれば業績を改善できるかなど具体的に考える必要はない。まだ早すぎる。まずは自分らしさ、価値観、理念、スタイル、仕事に対する姿勢などをわかってもらえるよう努めよう。

部下や上司とどう接するかも重要な問題である。自己紹介はどんなふうにしたらいいか。直属の部下との最初のミーティングは一対一か、それともグループ会議か。オフレコのカジュアルなスタイルか、それとも、ただちに経営課題の検討を始めるか。eメールや社内放送などを使って広くメッセージを発信するか。ミーティングは会社で開くか、どこか別の場を設けるか……。

職場になじむにつれて小さな問題点がわかってきたら、できるだけ早く対処しよう。顧客と仲よくなる、無用の会議はやめる、だらだら会議をしない、スペースの有効利用を図る、等々。こうしたことがあなたへの信頼を高める。

着任した瞬間から、周囲は新任リーダーの一挙手一投足に目を凝らしている。次のような点でどんな評価を受けているだろうか。信頼してもらえるかどうかは、そこにかかっている。

・問題の核心を見抜く力があり、自信を持って難しい決断を下せるか。
・尊敬に値する価値観や理念を身につけているか。
・エネルギーにあふれているか。

・高い目標を目指しているか。

まわりは、よくも悪くもごくわずかな材料からリーダーの人格や能力を判断してしまう。着任早々の行動で評価は決まりやすく、いったん厳しい見方が定着すると、覆すのは難しい。また、そうした見方は驚くほど早く拡まることにも注意しなければならない。

それでは、信頼関係を築くためにはどうしたらいいだろうか。一つの方法は、自分自身を効果的に売り込むことである。ブランドのマーケティング戦略と同じと考えればよい。つまり「自分」というブランドを、高い能力、好ましい姿勢、優れた価値観と関連づける。決定的なノウハウと言えるほどのものではないが、次のようなイメージを備えた新任リーダーは信頼されやすいことを覚えておこう。

要求は多いが満足することも知っている ――優れたリーダーは現実的な目標を掲げ全力を尽くすよう求める。しかし部下の仕事の出来に文句ばかり言っていては、やる気をなくさせてしまう。

意見は言いやすいが馴れ馴れしくはできない ――部下の意見を聞く姿勢を示すことと、むやみに親しくなることとは違う。部下が気軽に声をかけられる上司であることはすばらしい。しかし、どこかで毅然と一線を引かなければいけない。

決断力はあるが思慮深い ―― 責任をとる姿勢ははっきり示してよいが、まだよくわかっていない事柄について結論を急ぐのは好ましくない。決断力があるところをみせたいのは山々かも知れないが、重要事項については、事態を把握するまで結論を出すのは待とう。

指導力に富むが融通もきく ―― 一つの考えに凝り固まり、たくさんの選択肢を無視し、他人の意見を聞き入れないといった悪循環を、有能なリーダーは巧みに避ける。リーダーとして方向性を示すことはもちろん必要だ。しかし、周囲に助言を求め、意見を聞く姿勢も大切である。

エネルギッシュだが程を知っている ―― 部下のやる気を起こさせることと、馬車馬のように働かせることとはまったく違う。士気を高めるのは結構だが、消耗するほど追い立ててはいけない。

厳しいことも言うが人間味にあふれている ―― ときには配置転換や解雇など、厳しい措置をとらざるを得ないケースもあるだろう。優れたリーダーは、やるべきときには躊躇しない。しかし相手のプライド傷つけないよう配慮し、不当な扱いを受けたと感じないよう気を配る。

機を逃さない

着任後二、三週間の行動は、新任リーダーの広告塔の役割を果たす。たとえば大手金融機関で業績不振な部門の部長に昇進したララ・ムーアの例を考えてみよう。ララはこの部門が官僚主義に陥り、言わば「動脈硬化」状態であると診断した。それを象徴するのが天井まで届かんばかりにそびえるキャビネの列である。前任者はありとあらゆる検討事項や決定事項を書類に残し、管理し、ことあるごとに「前例」を調べては従っていた。ララは着任するなり、このキャビネをすっかり倉庫に片づけてしまう。部下たちは驚嘆のまなざしで彼女を見ていた。

最初の行動からあなたの全人格が判断され、「できる上司」「だめな上司」の烙印が早々と押されてしまう。あなたは着任早々、裏方の仕事をしてくれるサポート・スタッフのところへ挨拶に行っただろうか。それとも上司や同僚のことばかり気にしていただろうか。こんな些細なことで、「腰の低い人」「いばりくさった奴」の判決は下されてしまう。職場での自己紹介の仕方、サポート・スタッフの扱い方、小さな問題の対処の仕方……。ちょっとしたことから評価は定まり、噂になって拡がる。

好ましい印象を与えるためには、注目の集まる瞬間や場を逃さないことだ。たとえばエレナは改革に非協力的な管理職二人を能力改善プログラム送りにし、自分のやりたいことをはっきり示した。それはまた、職場に定着させたい行動の模範にもなっている。だからといってスタンドプレーは必要ないし、あからさまに衝突するにも及ばない。「職場の問題を鋭く突く質問」といったものでも大いに効果的である。

目に見える成果を上げる

信頼を勝ち得、キーパーソンといい関係づくりができれば、緒戦で勝てる確率は高くなる。だがその前に、すぐに結果が出せそうな仕事、目に見えて業績が上向きそうな分野をみきわめておこう。理想的なのは、あまり予算をかけずに手っ取り早く処理でき、しかもわかりやすい成果(効率改善、利益拡大など)を上げられる問題である。生産性改善のボトルネックを取り除く、業績目標と矛盾する報奨システムを見直す、などが考えられる。

緒戦で取り組む問題は、多くても二つか三つまで。それ以上だと散漫になる恐れがあるが、かといって一つだけに乾坤一擲の勝負を賭けるのも危険だ。リスク・マネジメントの要領で、どれかが大成功すれば他の失敗を埋め合わせられるように、取り組む問題を組み合わせるとよい。いったん決めたら、あとはひたすら勝利を目指す。

緒戦での勝利を確実にするためには、初期段階での学習がものを言う(第二章参照)。成功の見通しの高い分野を、〈学習科目〉としてしっかり理解しておかねばならない。長期目標を短期的取り組みに落とし込むためには、次の流れで進めるとよい。

長期目標を見据える――緒戦の勝利を目指す行動が、長期目標と矛盾するのはまずい。業績目標と意識・行動改革をいつも意識しよう。

有望分野に的を絞る――緒戦の成果によって事業や財務面の業績が大幅に改善されるような分野(エレナの場合はカスタマー・サービス)に的を絞る。証券会社だったら証券取引委員会への報告プロセスを改善する、製薬会社だったら研究部門とマーケティング部門の連携を強化する、などが考えられる。また有望な分野に集中すれば、時間とエネルギーを有効活用できる。うまく成果が上がれば、あなたの仕事はぐんとやりやすくなるだろう。

パイロット・プロジェクトを立ち上げる――すぐに着手できる有望分野でパイロット・プロジェクトを立ち上げる。早い時期にプロジェクトを成功させられれば、職場の士気は一気に高まるだろう。そうなれば取り組みの範囲を拡げ、業績改善につなげるのは難しくない。エレナが最初にカスタマー・サービスの改善に取り組んだのも、このためである。

改革の旗手を育てる――進取の気性に富み、あなたの計画に手を貸してくれるような意欲的な部下をみつける。管理職でも平社員でもかまわない。そしてエレナを見習って彼らを責任ある地位に昇格させ、高い目標を目指す社員に報いる姿勢を明確にする。

パイロット・プロジェクトを意識・行動改革にも活用する――パイロット・プロジェクト（エレナがやった試験運用もこれに当たる）は、これから新しい職場に定着させたい行動や価値観の模範となるものであってほしい。以下のチェックリストを参考にして、最大限の効果を発揮できるようにパイロット・プロジェクトを設計しよう（コラム参照）。

●パイロット・プロジェクトの効果を高める

緒戦の勝利を目指すためのパイロット・プロジェクトは、最終的にあなたが定着させたい行動や価値観と矛盾していないだろうか。このチェックリストを使って確認してほしい。

・知識・能力・相性などを考えると、どんな人員編成がベストか。
・プロジェクト責任者としての信任、管理能力、創造力を備えているのは誰か。
・ストレッチな目標、すなわち背伸びすれば手の届く目標としては何が適切か。
・達成期限はいつまでとするのが適切か。
・チームの問題解決や意思決定を助けるためにどのようなコーチングを行うか。あるいはどのようなガイドラインを設定するか。
・プロジェクトを成功させるために、ほかにどのような経営資源が必要か。
・どのようにメンバーの士気を高め責任を持たせるか。
・成功したら、どんな報奨を与えるか。

予測可能な失敗を犯さない

危険な地雷原にはくれぐれも注意し、足を踏み入れないように。さもないと、せっかくの努力も水泡に帰することになる。地雷が爆発すればあなたは防戦に追われ、早い時期に足場を固めることなど望むべくもなくなってしまうだろう。

青天の霹靂という事態は、たしかにまれには起こりうる。そうなったら腹を括り、最善を尽くすしかない。だが新任リーダーが敗北を喫するのは、十分に予測可能な事態であることの方がはるかに多い。これを同僚のマックス・バザーマンと私は冗談半分に「予測可能な不測の事態」と呼んでいる。情報はすべて手元にあり、危険を察知して対策を練ることは十分可能であったにもかかわらず、それを怠ったがために「不測の事態」を引き起こしてしまうのだ（原注4）。

なぜそんなことになるのだろうか。答は簡単 —— みるべきところをみず、すべき質問をしないからである。第一章でも述べたが、誰でも職場で取り組む仕事には好き嫌いがある。意欲の湧く仕事もあれば、つい避けがちな仕事、自信が持てない仕事もある。あなたがマーケティング畑の人間で、新製品発売チームのリーダーになったとしよう。マーケティングにばかり力を入れたくなる気持ちはよくわかる。だがそこで踏み止まって、不得手な分野にも目を向けなければいけない。それができないなら、必要な専門知識を持っている人に応援を頼もう。さもないと「予測可能な不測の事態」に遭遇することになる。

不測の事態が起きるもう一つの原因は、情報が共有されていないことにある。つまりパズルのピースが各部署に分散したままで、パズルが一向に完成されない。情報共有のプロセスを整え、散らばっている重要な情報をとりまとめて全体像を把握しておかないと、「予測可能な不測の事態」を招きかねない。

次のチェックリストを使って、危険な地雷原がどこにあるか察知しよう。

外部環境――世論の動向、政府の方針、経済情勢などが不利な方向に向かっていないか。たとえば政策変更により競合が有利になる、価格やコストに不利な影響が出る、健康や安全に関して世論の風向きが変わり、自社の製品が敬遠される、発展途上国で経済危機が発生する、など。

顧客・市場・競合・戦略――競争状況に好ましくない変化が起きていないか。たとえば自社の製品が競合に劣ると指摘した記事が発表される、安い代替品を引っ提げた新規参入事業者が登場する、価格戦争が発生する、など。

自社の能力――自分の部署のプロセスやスキルに何か問題は起きていないか。たとえば有能な社員が突然辞める、主要向上で品質が低下する、リコールが実施される、など。

組織・人間関係――うっかりタブーを冒す危険はないか。たとえば職場に「聖域」があったり「影のドン」がいるにもかかわらずあなただけがそれを知らない、同僚が密かにあなたを陥れようとしている、など。

改革につなげる

どこで緒戦の勝利を狙うかが決まったら、次は、それに向けてどう職場を変えていくかを考えたい。

正面突破か搦め手か

いま取り組むべき課題を洗い出させたら、正面突破で行くか搦め手から攻めるかを決める必要がある(原注5)。

次の条件が整っている場合には、真っ向から取り組む正面突破作戦が効果的である。

意識——何かを変えなければならないとほとんどの人がわかっている
診断——何を変えるべきか、その理由は何か、あなたは理解している
戦略——あなたは既に説得力のあるビジョンと戦略を立てている
計画——具体的な計画を実行するだけの専門知識をあなたは持っている
支援——後押ししてくれる人がたくさんいる、あるいは強力な支持者がいる

たとえば〈方向転換〉の局面では、正面突破がうまくいく。社員の多くが課題の存在を認めているとき、文化や人間関係でなく具体的な問題に直面しているとき、解決の必要に迫られているときなどがそうだ。

だが条件が一つでも欠けるときは、このやり方は危険かも知れない。たとえば〈針路修正〉の局面であれば、何かを変える必要があると考えている人は少ないだろう。あなたの改革案は冷ややかに拒絶されるかも知れない。そんなときは、改革の必要性に気づかせることから始めなければならない。あるいは、問題の存在をはっきり示す、説得力のあるビジョンを掲げる、具体的な計画を打ち出す、協力者をみつける、などの努力が必要になってくる。

いずれにしてもまずは事実に眼を開かせることが大切で、無理矢理改革案をつくって押しつけるのは賢明ではない。たとえば部下が新たな問題に気づいていない、あるいは故意に目を逸らしているなら、真実に目を向けさせるよう努める。抵抗感が強いときに正面切った衝突は避けたい。搦め手から攻めて少しずつ切り崩し、改革の必要性に目覚めさせる作戦の方がスマートである。

たとえばキーパーソンに顧客満足度調査の結果や競合の動向などのデータを提供し、新しいビジネスのやり方や考え方を知ってもらうのも一法である。業界の優良企業をベンチマークし、どんな点が優れているのか分析させるのもいいだろう。気楽なブレインストーミングを企画し、目標達成や効率改善へのアプローチを議論するというのも悪くない。

ここで重要なのは、直ちに具体的な計画を示すのか、それとも組織学習から始めるか、どちらの戦法が適切か、みきわめることである。新しい職場のどこを変えたいのか、いま一度よく考えてみよう。次に図4-2の診断チャートを使って、どんな場合には学習が必要かチェックしてほしい。

行動や価値観を変える

緒戦の勝利を目指すときは、目標達成と同じくらいにそのプロセスが大切である。最初の成果を目指す試みは、これから職場に定着させたい行動や価値観の新しい基準となるものでなければならない。エレナの場合は、プロセス改善チームの編成や、チームの勧告をすぐに実行に移す姿勢などを通じて、新しい基準を示した。

職場の改革では、文化や気風を変えなければならないことが多い。しかしこれは、一筋縄ではいかない。職場に好ましくない習慣が染みついていてそれを一掃したいとしても、あなた一人で長年の習慣を変えるのは難しい。

既にそこにある文化を全部否定してまったく新しい文化を築く試みは、めったに成功しない。人にも組織にも、いちどきに受け入れられる変化には限界があるからだ。それに、どんな文化にも悪いところもあればいいところもある。文化は行動規範であり、プライドの源泉でもある。「この職場にはいいところが一つもない」などと新任リーダーが言ったら、部下は卑屈になってしまうだろう。そして改革や改善をしようにも、部下の協力を期待できなくなる。

図4-2 職場を変えるための診断チャート

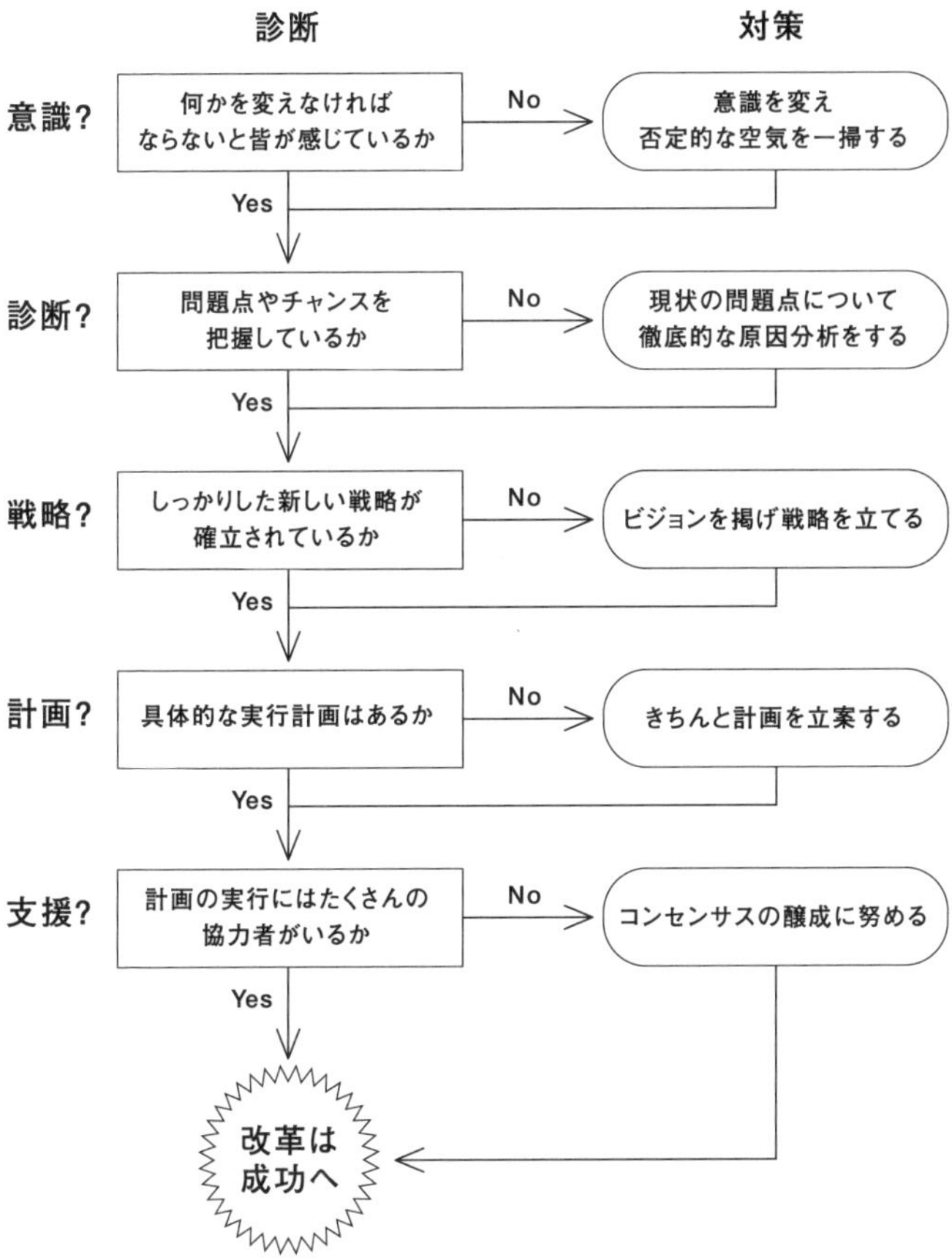
診断
対策
意識?
何かを変えなければならないと皆が感じているか
No
意識を変え否定的な空気を一掃する
Yes
診断?
問題点やチャンスを把握しているか
No
現状の問題点について徹底的な原因分析をする
Yes
戦略?
しっかりした新しい戦略が確立されているか
No
ビジョンを掲げ戦略を立てる
Yes
計画?
具体的な実行計画はあるか
No
きちんと計画を立案する
Yes
支援?
計画の実行にはたくさんの協力者がいるか
No
コンセンサスの醸成に努める
Yes
改革は成功へ

したがって、まずは職場の文化をよく観察し、いい点、悪い点をみきわめよう。そして欠点をなくしていく一方で、よい点は大いに褒める。職場に根づいた文化は、過去と未来をつなぐ大切な架け橋と心得るべきである。

まとめ

意識・行動改革をどんなふうに進めるかは、職場の組織や習慣、能力のほか、状況によっても大きく違ってくる。たとえば〈方向転換〉ではとにかく時間が差し迫っており、残すべきコア事業を短時間で選別し存続できるよう、対策を講じなければならない。こんな状況では、外部から有能な人間を採用したり、プロジェクト・チームを編成するなど、集中して業績改善に努めるのがベストである。これに対し〈針路修正〉の局面では、強力な指導力の発揮はさほど求められない。たとえば実績評価基準の変更やベンチマークの設定などを通じて合理化や効率改善を目指すといった具合に、コンセンサスに基づく進め方の方が適しているだろう。

繰り返しになるが、在任期間中の最終的な目標を忘れてはいけない。それは、望ましい行動や価値観を根づかせ、業績目標をクリアする態勢を整えることである。これをしっかり頭に入れて、まずは控えめな成果を目指そう。それを達成できれば、より大きな目標、深い改革に手をつけられる。

チェックリスト

1 職場の状況を分析し、いつ何をどのように変えたらいいか考えよう。

2 これまでにわかったことを手がかりに、業績目標を決めよう。どうしてもやりたいことを実現するためには、最初の九〇日で何から始め、どれを成功させることが望ましいか。

3 この職場にいる間にどんな行動や価値観を定着させたいか。どんな行動が望ましく、どれは排除したいか。

4 最初の九〇日で、どのように意識・行動改革を始めたらいいか。

5 新しい職場に溶け込むにはどうすべきか。キーパーソンは誰か、どんなメッセージを誰に発信したら効果的か。上司や同僚・部下とどうかかわるべきか。

6 早く結果を出せそうな分野はどれか。有望分野を選び、緒戦の勝利をバネに改革を進める戦略を立てよう。

7 新しい職場では、どの方面の学習がとくに必要か。

第五章　上司といい関係を築く

第五章に登場する新任リーダーは、マイケル・チェンである。石油会社で働いており、このほど重要な部門でIT担当マネジャーに昇格した。もちろんマイケルとしては大いにうれしい。だが同僚から次々に電話がかかってきて、その喜びもしぼんでしまった。彼らはこもごもにこう言うのだ——「気をつけろよ」「うかうかしてるとボーガンに血祭りに上げられるぞ」「ま、履歴書を書き直して転職の準備でもすることだな」。

新しい上司のボーガン・ゲイツは猛烈に人使いが荒く、結果を出せない部下はなで斬りにするという。ボーガンはわりあい最近部長になったばかりだが、既に何人もの部下が辞めて——正確には辞めさせられて——しまった。

先輩によれば、こうだ——「マイケル、君はこれまでかなりの実績を上げてきた。だけどボーガンは、君がアグレッシブじゃないと考えてる。君はじっくり考え、計画を立て、チームで仕事をするタイプだろ。そんなやり方はまだるっこしいと彼女は思ってるんだ。それに、君の温情主義も彼女の気に入らないみたいだな」。

こうして警告や忠告を受けたマイケルは、まずボーガンに会い、時間的な猶予をもらえるよう布石を打つ。「私は、移行期間を九〇日と考えています。最初の三〇日で重要な問題を把握し、その時点で現状分析を報告します。そのときに、次の六〇日間の目標と計画を話し合いたいと思います。いかがでしょうか」。ボーガンの了解をとったマイケルは、重要事項についてこまめに彼女に報告を上げる。三週間後に主要システムについて説明するよう要求されたマイケルは、それもそつなくこなした。そして三〇日目には具体的な計画を提出し、ボーガンを大いに満足させた。

さらに一カ月後には緒戦の勝利を報告し、主要プロジェクトに人員を増やしてほしいと頼む。ボーガンはマイケルを鋭い質問攻めにしたが、マイケルは細かい点までよく準備しており、堂々と上司と渡り合った。最後はとうとうボーガンも根負けし、優秀なスタッフを回す約束をする。その代わり厳しい期限をつけられたが、望みのスタッフを手に入れたマイケルは、約束通りやってのけることができた。

その後もマイケルは順調に仕事をこなし、やがてボーガン相手に仕事のやり方について意見を言えるまでになる。「流儀はお互いだいぶ違いますが、ぼくは要求された仕事にきっちり結果を出しているつもりです。ですから評価するときは、仕事のやり方ではなく、あくまで結果で評価してもらえませんか」。こうして一年近く経つ頃には、マイケルはボーガンととてもいい関係を築き上げることができた。

新しい上司とうまくやるためには、マイケルのように自分から積極的に上司に働きかけることが望ましい。そうすればみじめな負け戦を上手に避けられるだろう。直属の上司との関係はきわめて重要であり、時間を割く価値は大いにある。なにしろ評価基準を決めるのも、あなたのことを上に伝えるのも、予算や人材の配分を決めるのも、すべて直属の上司なのだから。あなたがどれだけ早くブレークイーブン・ポイントに到達できるか、そしてまた最終的に成功するかどうかは、かなりの程度、直属の上司に左右される。

一手先、二手先を読んで上司と交渉し、ゲームをこちらのペースに持ち込みたい。現状認識についてコンセンサスを得る、過大な期待をかけないよう説得する、十分な経営資源を割いてくれるよう頼む、といった交渉も可能だろう。交渉を通じて、自分の目標を自分のやり方で達成するチャンスが生まれてくる。だが多くの新任リーダーは始めから諦めて相手のペースでゲームを進め、刀折れ矢尽きてしまうようだ。ボーガンと賢く話し合い、自分のフィールドでゲームを進めたマイケルをぜひ見習ってほしい。

新しい上司との関係は、会社のなかでのあなたの地位や新しい職場の状況によって違う。地位が高いほど自由裁量の余地は大きくなるし、上司と職場が離れていればなおさらだ。成功に必要な経営資源を豊富に与えられているなら監視の目が行き届かない方が好都合だが、孤立無援で放り出されるなら事態は最悪である。

上司にしてほしいことは、第三章で論じた〈四つの状況〉によっても違ってくる。〈針路修正〉の局面なら、修正の必要性を訴えるあなたの援護射撃をしてほしいところだ。〈高度維持〉であれば、様子を見守り、コア事業を危うくするような失敗にだけ注意していてもらいたい。〈離陸〉するときなら経営資源を潤沢に提供してほしいが、しかし、うるさい口出しは控えてほしい。〈方向転換〉なら守るべきコア事業を残して枝葉を切り落とす作業に手を貸してほしい。

新しい上司と好ましい関係を築くためにできることはたくさんある。この章では、上司とどんなふうにコミュニケーションをとるか、最初の九〇日間でどのように関係づくりをしたらいいかについて考えていこう。昇進しても上司は前と同じという場合でも、この章の内容は役に立つ。というのも、立場が変われば関係も以前と同じではなくなるからだ。上司が抱く期待も、あなたが必要とする経営資源も変わる。どうせ同じ上司が相手だから……と思い込んで失敗する例は少なくない。同じ轍を踏まないよう注意しよう。

上司との関係づくりのヒントは、直属の部下との関係づくりにも役立つ。いずれにせよ、上司や部下の問題でつまずいてブレークイーブン・ポイントに到達できないという失態は、ぜひとも避けたい。

対・上司作戦〈べからず〉と〈べし〉

経験豊かなマネジャーたちから教えてもらった「新しい上司と健全な関係を築くコツ」をここで紹介しよう。まずは〈べからず〉から。

これまでの悪口を言うべからず――これまで中心になってやってきた人を批判しても得るものはなく失うものは多い。だからといってお粗末な成績を容認せよという意味ではない。これまでの経緯をよく理解したうえで、現在の行動や結果を公正に評価する。そして業績を改善するための必要な改革に着手しよう。

殻に閉じこもるべからず――あなたを無視する上司や感じの悪い上司がいたら、あなたの方から近づいていこう。そうしないとますますコミュニケーションがうまくいかなくなり、気持ちは離れていく一方だ。自分は仕事ができるから大丈夫などと思っていてはいけない。上司とこまめに話し合い、あなたが抱えている問題が伝わっているか確認する。また上司から何を期待されているかもよく理解しよう。

不快な不意打ちを与えるべからず――悪いニュースを上司に伝えるのはうれしいことではない。メッセンジャー（＝あなた）は逆鱗に触れる恐れが大いにある。しかし上司が重大視するのは、むしろ問題が起きたときにすぐに報告しないことなのだ。重大な問題が他のルートから上司の耳に入るのは最悪である。だから何か異常事態に気づいたら、とりあえずすぐに上司に第一報を入れよう。

問題だけを上司に押しつけるべからず――問題が起きたときだけやってきて押しつけて寄こす部下だと思われたくないなら、解決案も用意していくこと。万全の解決策を立てておく必要はない。だが問題解決にあまりに上司の時間やエネルギーをとるようだと、あなたの評価は急降下する。何が問題でどんな助けが必要か、数分程度でわかるように整理しておくことがポイントである。

不要なことまで逐一報告するべからず――上級管理職のなかにも、自分がいま何をしているか上司に事細かに報告する人がいる。そうすべきときもなくはないが、些末なことまで知りたがる上司はめったにいないと心得よう。ある管理職はつねづね部下にこう言っている。「何をしたいか、どうしてほしいか、それだけを言いに来たまえ」と。

上司を変えようと思うべからず――あるマネジャーは上司とのミーティングを午後一番に設定した。上司のデスクダイアリーをみると、どういうわけかその時間帯が全部空いていたからだ。しかしこれは大失敗だった。報告を始めた途端、上司は気持ちよさそうに昼寝を始めてしまう。午後一番が空いているのも当然だった……。こうした些細なことからもっと大きな問題まで、上司を変えようなどとは考えないことだ。上司の癖や習慣には、あなたが合わせてあげよう。

次に、〈べし〉も忘れないでほしい。次のアドバイスを守れば、新しい上司とかなりいい関係を築けるはずだ。

上司とうまくやるのは一〇〇%部下の仕事と心得るべし――これは、「殻に閉じこもるべからず」の裏返しのアドバイスである。上司の方からあなたに手を差しのべ必要な助けを与えてくれるなどと期待してはいけない。上司といい関係を築くのは万事あなたの責任と心得よう。こちらから働きかけなくとも目を向けてくれる上司がいたら、それはめったにない幸運である。

早い時期にお互いの期待をはっきりさせるべし——仕事の上で何を期待されているのか、早いうちに確認しよう。事態は根深い構造問題なのに、さっさと解決しろなどと無茶を言われては、あなたのクビが危ない。悪いニュースは包み隠さず報告して、過剰な期待を抱かせないように。その後も定期的に話し合い、上司の期待が膨れあがらないよう牽制しよう。

期限を交渉すべし——燃え上がっている大問題の火消し役をいきなり命じられたり、用意もできていないのに報告書を急かされてはたまらない。新しい職場の問題を診断し、どんな手を打つか考える猶予期間をもらわなければならない。上手にボーガンと交渉したマイケルを見習おう。この章の終わりで紹介する「移行期の黄金律」も参考にしてほしい。

緒戦の勝利は、上司が重視する分野で目指すべし——自分なりの優先順位はあるかも知れないが、まずは上司が気にかける分野をみきわめよう。どんなことに関心があり何を目指しているのか、そのなかで自分の仕事はどう位置づけられているのか。みきわめがついたら、できるだけその分野で結果を出そう。たとえば上司が重視する問題三点に的を絞り、ミーティングのたびにそれについて話し合うのはなかなかいい方法である。そうすれば、あなたの成果に自分も力を貸したと上司は思えるだろう。ただし、うまくいかなくても上司のせいだと感じさせてはいけない。自分には何ができ、上司には何をしてほしいか――上司をある程度誘導するのもあなたの仕事なのだから。

上司が信頼する人に好感を持ってもらうべし――あなたに対する上司の評価のほとんどは直接のやりとりによって決まるが、信頼している人の意見からも影響を受ける。それにまた、上司はあなたの現在の部下ともツーカーの関係かも知れない。だからと言って、何もゴマをする必要はない。ただ、自分をめぐる情報はあちこちから上司の耳に入るものだと心得ておこう。以上の〈べからず〉〈べし〉を頭に入れたうえで、新しい上司と交渉する作戦を練ってほしい。

上司との五つの対話テーマ

新しい上司との関係は、対話の積み重ねを通じて築かれる。対話は昇進が決まる前から始まり、移行期間中もその後もずっと続く。ただ漫然と話すのではなく、優先課題を絞り込もう。とくに最初の九〇日間には、次の五つのテーマについて話し合うとよい。

(1)現状認識

上司が現状をどう考えているか理解する。上司はいまの状況を〈離陸〉〈方向転換〉〈針路修正〉〈高度維持〉のどれとみなしているのか。なぜそうなったのか。この状況では、ソフト面、ハード面で何が問題か。あなたに割り当てられる予算や人材はどの程度か。上司の見方はあなたとは違うかも知れない。まずは上司の考えを理解しよう。

(2)期待

あなたに対する上司の期待を知り、過大な期待を上司が抱かないよう交渉する。上司は短期的・中期的に何を期待しているのだろう。どうすれば「合格」とみなされ、実績はどの時点でどのように測定されるのか。上司が非現実的な期待を抱いており、頭を冷やしてもらいたいと思う場合があるかも知れない。緒戦で勝利を収めるには、期待は低い方が好ましいことをお忘れなく。

(3)スタイル

これからお互いにうまくやっていくためにはどうすればいいか話し合う。たとえば、連絡や報告は直接してほしいのか、それともeメールか、ボイスメールか。頻度はどの程度か。必ず相談しなければいけないのはどの案件か、そのタイミングは。上司とは仕事の進め方やスタイルがどう違い、それはお互いのコミュニケーションにどう影響するか、じっくり考えてみよう。

(4)経営資源

経営資源（リソース）をどの程度割り当ててもらえるのか交渉する。こちらは何を必要としていて、上司には何をしてもらいたいのか。なお、ここで言う経営資源は予算や人材に限らない。たとえば〈針路修正〉の局面で、何かを変えなければならないと部下を説得するとき、援護射撃をしてもらうのもソフトなリソースの一種と言える。

(5)能力開発

現在の仕事がキャリア形成にどのように位置づけられるかを話し合う。どの方面で改善が必要か。あなたに適任のプロジェクトや特別な任務はあるか。能力開発に役立つ研修はあるか。

五つのテーマは混ざり合うこともあるだろうし、時と共に変化することもあるだろう。一回のミーティングで複数のテーマを話し合ったり、一つのテーマを何度にも分けて話し合ってもかまわない。マイケルの場合は最初のミーティングで現状認識を話し合うスケジュールを決め、その後にスタイルについて話し合った。

とは言え、一般的な順序はある。着任直後はまず現状認識、期待、スタイルについて話し合いたい。状況がわかってきたら、経営資源の交渉をしよう。また必要に応じて現状認識を再確認し、過剰な期待を鎮める。そして上司といい関係になってきたと思えたら、自分自身のキャリアについて話し合おう。ミーティングの前には時間をとってシナリオを練る。話し合いたい主要テーマは何か、上司にはっきり伝えることが大切だ。

以下に簡単なガイドラインを紹介するので、新しい上司との対話に役立ててほしい。

テーマその一――現状認識

あなたが直面している現状について、とくに問題点や改善の機会について共通の理解に達することが、このミーティングの目的である。共通の理解こそ、これからの行動すべての土台となるものだ。上司とあなたの意見が食い違ったままだと、必要な援護射撃が得られなくなってしまう。新しい上司との最初のミーティングでは、〈四つの状況〉モデルを使って現状をきっちり分析しよう。

状況に合わせたサポートをしてもらう

上司に望む援護射撃は、〈四つの状況〉のどれに直面しているかによって違ってくる。現状認識が一致したら、上司にどんな役割を演じてほしいか、どんな手助けをしてもらいたいか、よく考えよう。ただしどの状況でも変わらないことが一つある。あくまで仕事をするのはあなただということ。上司にしてもらうのは、仕事をしやすいよう指示を出し、サポートし、環境を整えてもらうことである。〈四つの状況〉で上司に期待される代表的な役割を表5-1にまとめた。

表5-1 〈四つの状況〉と上司に望むサポート

状況	上司にやってほしいこと
離陸	・必要な経営資源がすぐに入手できるよう力を貸す ・明快で測定可能な目標を設定する ・戦略上のポイントを指示する ・目標から逸脱しないよう注意する
方向転換	（離陸局面での役割にプラスして以下を行う） ・人事に関する苦渋の決断を支える ・職場のイメージ改善に力を貸す ・抜本的な改革の推進を後押しする
針路修正	（離陸局面での役割にプラスして以下を行う） ・改革の必要性を訴える援護射撃をする（とくにあなたが社外から登用された場合）
高度維持	・現状から目を離さず、現状維持でいいのか針路修正が必要なのか、みきわめる ・守りを固め、重大な失敗を犯さないよう力を貸す ・新しい展開に向けて後押しする

テーマその二――期待

将来に何を期待するかについて上司の考えを聞き、あなた自身の希望とすり合わせるのがこのミーティングの目的である。短～中期的な目標と評価方法について上司と意見が一致しないと具合が悪い。上司は何をもって成功と考えているのか、あなたはどうか。上司はいつまでに結果を出してほしがっているのか。実績はいつの時点でどのように評価されるのか。最初の目標をクリアしたとき、次は何を期待されるのか。上司の期待を上手に誘導できないと、先々上司に振り回されることになる。

状況に合った期待を誘導する

期待を現状認識と一致させることは非常に大切である。たとえば〈方向転換〉の局面を考えてみよう。すばやく手を打つ必要があるという点で上司と意見が一致すれば、不採算事業のコスト削減を急ぐ、利益率の高い製品に経営資源を集中するなど、早急に打つべき手についても合意できる。このような場合、上司は業績改善を期待し、それがあなたに対する評価基準となる。

上司が重視する分野で勝利を収める

あなた自身の優先順位はさておき、まずは上司が重大視する分野を狙い撃ちし、緒戦の勝利をものにしよう。そのためには上司のサポートが欠かせない。お返しに、上司にも手を貸さなければいけない。上司が重視する分野で結果を出すのは、最高の恩返しになる。いちばん効果的なのは、上司の目標を緒戦の目標にしてしまうことだ。それが不可能なときは、上司の優先順位に従って緒戦の目標を決めるとよい。

タブーを知る

製品、人事、仕事の流儀など、上司が「これだけは譲れない」と思っていることはないだろうか。とにかくそれをできるだけ早く知ることが肝心である。上司が立ち上げた製品ラインを打ち切ったり、上司のお気に入りの部下を飛ばしたりしたくはないだろう。そのためには、上司が何をいちばん気にかけているか、探り出す必要がある。上司のキャリアを調べ、上司をよく知る人と話し、そして上司の表情や声の調子や身振り手振りに注意しよう。確信が持てないときは、まずは観測気球を上げ、上司の反応を慎重にうかがう。

上司を教育する

上司は、あなたは何ができ何をすべきだと思っているのだろうか。何はともあれ、この点に関する上司の見方を適切に誘導する必要がある。上司が高望みをしすぎていたり、あなたの希望とまったく違うことを期待しているようなら、なんとかうまくすり合わせなければならない。たとえば〈針路修正〉の局面で、上司はある業務プロセスが問題だと思い込んでいるが、それは見当外れだとしよう。こんなときはさりげなく上司に情報をインプットして見方を変える方向に持っていく。問題を引き起こした張本人が上司だったり、現状について上司が後ろめたく感じているようなときは、とくに配慮が必要である。

大風呂敷を広げない

「小さな約束、大きな成果」を心がけること。この姿勢は、信頼を勝ちとるためにも有効である。目標を達成できるかどうかは職場の条件次第であることを忘れてはいけない。大風呂敷を広げないよう注意しよう。請け合った以上の成果が上がれば上司は大いに喜ぶが、その逆だと、「口ほどにもない」と思われることになる。惜敗でも負けは負けである。

念押し、確認、再確認

上司が何を期待しているかは十分わかっている——そう思っても折に触れ確認し、一分の誤解も入り込まないようにしよう。上司のなかには言葉足らずの人や曖昧な言い回しを好む人がいる。間違った方向に踏み込んでから気づくのでは遅い。一点の曇りもなくなるまで何度でも質問しよう。いろいろな角度から確かめるといい。言外の意を汲み、仮説を立て、上司の視点から考えるように努めることが大切である。また、自分の置かれた立場を一歩下がって客観的にみる癖もつけたい。何はともあれ、重要な問題をうやむやにしないこと。とくに目標と期待に関して誤解があると危険である。あるリーダーがいみじくも指摘するとおり、「上司と部下に食い違いがあったら、勝つのは必ず上司」なのだから。

複数の上司をうまくあしらう

上司が二人以上いるとき（直属の上司とプロジェクト・チームのリーダーなどのように）は、あなたの立場は非常に難しくなる。上司が一人の場合と基本原則は同じだが、調整が必要になるからだ。何を成功と考え何を失敗とみなすかについて、上司たちの考え方の違いをみきわめておきたい。一人がとくに強い権限を持っているなら、とりあえずはそちらに従い、その後にできるだけバランスを取り戻すようにすればいいだろう。問題を一つずつ片づけるやり方に同意が得られない場合は、上司同士で徹底的に話し合ってもらおう。さもないとあなたは板挟みになってしまう。

遠くにいる上司とつきあう

あなたの職場が上司から離れているときは、また別の難しさがある。気づかずに横道に入り込んでしまう危険性が高くなるからだ。こまめに連絡を取り、話し合い、道を踏み外していないか確認しよう。それから、評価基準をきちんと決めておくことを忘れてはいけない。そうすれば上司はあなたがうまくやっているか把握できるし、あなたも期待に沿っているか常時チェックできる。

テーマその三 —— スタイル

仕事のスタイルや流儀といったものは人それぞれであり、学習方法やコミュニケーションのとり方、意思決定などに大きな影響を及ぼす。どうすれば上司とこの先うまくやっていけるか、その点をこのテーマで話し合う。マイケルにとってボーガンといい関係をつくるのは重要な問題だった。上司と友達関係や師弟関係になれなくてもかまわないが、仕事の能力はぜひとも上司に認めてもらわなければならない。

上司のスタイルを知る

まずは上司の仕事の流儀を知り、どうすればうまくやっていけるか考えよう。急ぎの案件をボイスメールで報告したとき、なかなか返事がもらえないとしたら、それどころかなぜすぐ報告しないのかと逆ねじを食わされたら、要注意。上司はボイスメールが嫌いなのだ。こんな具合に、さまざまな兆候を見逃さないようにしよう。

上司は何をどの程度まで、どんな方法で報告してほしいのか。どの案件には口を出したがっているのか。上司は早く来て遅くまで働くタイプか。部下にも早出・残業してほしがっているのか。

上司と自分のスタイルの違いをよく知り、それが今後の関係にどう影響するかをみきわめよう。たとえば、あなたは何事もその道に明るい人に聞いてしまうのが早道だと思っているが、上司は資料を調べて分析するのが大好きだとしよう。この違いからどんな誤解や対立が生まれる可能性があるだろうか。そして、どうすればそれを防げるだろう。あるいはまた、上司は細かいことまで口を出すタイプだが、あなたはもっと任せてほしいと考えているとき、衝突を避けるにはどうしたらいいだろうか。

こんなときは、上司の部下だった人から話を聞きたくなるかも知れない。だが、あくまでも慎重に。上司のやり口を批判していると思われないように注意が必要である。報告はメールが好きか口頭かといった簡単なことに話をとどめておく方が無難だろう。他人の意見を聞くのもいいが、やはり自分自身の感触を大切にする方がいい。

自分以外の人に対する上司の態度にも注目したい。誰とも分け隔てなく接しているだろうか。そうでないとしたら、それはなぜか。誰かをえこひいきしていないか。何か特定の問題にむやみにこだわっていないか。仕事のできない部下に辛く当たるタイプか。

自由裁量の範囲を知る

何をどこまで部下に任せるか、自分はどこまで口を出すか、上司はおおよそのボーダーラインを引いている。あなたはこのボーダーラインの内側でしか決定権がない。どんな事柄は事後報告ですませられるのか。たとえば人事に関する決定権はあなたにあるのか。どんなことは事前に相談しないとまずいのか。たとえば誰かを勝手にクビにすることはできるのか。進行中のプロジェクトで問題が持ち上がったら、どの時点で相談すべきなのか。どこまで事態が悪化したら上司が乗り出してくるのか。

始めのうちは、あなたに与えられる自由裁量の余地は小さい。だが信頼されるようになれば範囲は拡がっていくだろう。いつまでたっても任せてもらえずいちいち上司に相談しなければならないときは、直談判しよう。

上司のスタイルに合わせる

上司といい関係を築くのは、一〇〇%あなたの責任と心得るべし。つまり、大概のことはあなたが上司に合わせるべきである。上司がボイスメールを嫌いなら、使ってはいけない。進捗状況を逐一知りたがるなら、何でも報告してあげよう。目標達成を妨げられるような危険は冒さない方が賢明である。ただし、上司との関係を好ましい方向へ持っていく努力を怠ってはいけない。かつての同僚や部下からコツを教わるのも悪くない。そのなかから、うまくいきそうなものを慎重に試してみよう。どうすればいいのかわからないときは、どんなやり方が好きなのか、結局は直接上司に聞くのがいちばんである。

スタイルの違いに対処する

お互いのスタイルが真っ向から対立するようなときは、この問題に正面から取り組む必要がある。さもないと上司はあなたを無能扱いしかねない。あるいはあなたの態度が挑戦的だと思うかも知れない。やり方があまりに違いすぎてうまくいかないと感じたら、面倒なことになる前に、どうすればいいか上司と話し合おう。道は必ず拓ける。

確実なのは、やり方ではなく目標に話を集中することである。「仕事の進め方は違うけれども、目標達成に向けて全力を尽くしている」ことを誠実に伝える。スタイルの違いを肯定的に受け止めてもらえるよう努力しよう。その後も折に触れて、プロセスより結果を重視してほしいと訴えることが大切である。

上司と直接ぶつかる前に、上司が信頼している人に相談するのもいい方法だ。どんな点が問題になりそうか、それを防ぐにはどうすればいいかをアドバイスしてもらおう。厄介な問題をどう切り出せばいいかも、教えてくれるかも知れない。

スタイルの違いと一口に言っても、いろいろな面がある。一回の話し合いで万事解決しようなどと焦ってはいけない。まずはどれか一つを取り上げてじっくり話す。上司と話しやすい関係になってきたら、ほかのことも徐々に話題にすればよい。

テーマその四――経営資源

予算がほしい、人がほしい、技術的なサポートがほしい……あなたの仕事に必要な経営資源を確保するための重要な話し合いである。この段階に入る前に、現状認識、期待、スタイルについて上司と合意に達しておくことが望ましい。そのうえで、期待に応えるためにどうしても必要なことを訴える。

何が必要かは状況によって違うし、時期によっても違う。

〈離陸〉の局面では、予算、技術的なサポート、専門知識を持った人材が何よりも必要である。

〈方向転換〉の局面では、困難な決断を下し少ない予算や人材を確保するために、権限ある立場からの後ろ盾がほしい。

〈針路修正〉の局面では、改革の必要性を全員に納得させるために、上司が表に出て一貫してサポートしてもらいたいところである。理想を言えば上司にはあなたと共に先頭に立ち、新しいことに後込みするぬるま湯的雰囲気を一掃してほしい。

〈高度維持〉の局面では、コア事業を維持し新たな機会を開拓するために資金や技術が必要である。背伸びした目標を立ててハッパをかけ、自己満足に流されないようにするための手助けもほしい。

まずは目標達成に何が必要か、ハード、ソフト両面についてじっくり考えてみよう。あなたの手札――たとえば経験豊富な人材や発売準備の整った新製品など――をチェックし、「これだけはほしい」というものを絞り込む。早めに狙いを定めておけば、折に触れて上司に「おねだり」できる。

上司に対しては、できるだけ早く手の内をさらしておく方がよい。これこれの成果を上げるにはこれだけの弾薬が必要だとはっきり言おう。「来期に売上げを七%伸ばすためには、予算を○○ドルほしい。一〇%の増収を目指すなら、○○ドル必要だ」という具合に。ただし、オオカミ少年になってはいけない。もうすこし時間が必要なら正直にそう言うこと。マイケルは時間という貴重なリソースを与えてくれるよう説得したおかげで、せっかちな上司に急き立てられずにすんだ。

ゲームを続けるか、ルールを変えるか

これまで通りのルールでプレーするなら、上司への「おねだり」は成功する可能性が高い。職場に定着したやり方で事を荒立てずに高い目標を目指すなら、上司との交渉はスムーズに進むと考えられる。

だが〈方向転換〉や〈針路修正〉の局面では、これまでの路線を大きく変えたり、ときには完全に覆すことになる。あなたの要求はおそらく大々的になり、しかも要求が通らない場合に頓挫するリスクは大きくなるだろう。上司と強硬に交渉せざるを得ない場面も出てくるかも知れない。そんなときは、現状認識と上司の期待をきっちり押さえたうえで要求することが大切である。必要なものを煮詰め、裏付けとなるデータをそろえ、緊急に必要な理由を明確にする。準備が整ったら、あとは交渉あるのみ。援護射撃をしてくれそうな人も探しておくとよい。社外でもかまわない。ぐずぐずして手遅れになるぐらいなら、強行突破の方がましと心得よう。

交渉のヒント

上司と交渉するに当たっては、次の点を心してほしい。

相手の関心事や優先順位をよくわきまえる――交渉相手のいま現在の関心事は何か、あなたの仕事はそのなかでどの程度の位置づけなのだろうか。

双方にメリットのある提案をする――自分の仕事のためばかりでなく、上司にとっても有用な経営資源を要求することが望ましい。また同僚に援護射撃をしてもらったら、借りを返すのも忘れないように。

結果に結びつける――もう少し○○があればこれだけの成果が上がると説得しよう。いまの手札で何ができるか(できないか)、もうすこし持ち駒が増えたら何ができるか、常に意識するとよい。

テーマその五――能力開発

上司との関係がいい感じになってきたら、いまの仕事のなかであなた個人の能力をどう開発していくか話し合うとよい。いまの職場ではどんな能力をもっと磨くべきか、たとえばマネジメントの能力は不足していないだろうか。本来の仕事を妨げずにスキルアップに役立つ特別任務やプロジェクトはないか。能力開発に役立つトレーニングを受けられるだろうか。

とくにあなたがキャリア形成のなかで重要な時期にさしかかっているときは、この点についてよく話し合っておかなければいけない。たとえば初めて管理職に昇進したのなら、早めに上司の評価を聞き、能力開発の参考にしよう。話し合うときには、自分の長所や短所について率直な意見を聞きたいと伝える。上司の意見を真摯に受け止めて努力する姿勢を示すのは、たいへん効果的である。

初めて上級管理職や部長・取締役クラス、あるいはCEOに昇進したときにも同じことが当てはまる。キャリア・パスの節目にさしかかり、成功するためにはそれまでと違う能力や思考法が必要になったと感じたら、謙虚に先達から学びたい。

技術や専門知識などハード・スキルにばかりこだわってはいけない。地位が上がるほど、ソフト・スキルが求められるようになる。企業文化を理解する力や人間関係を築く力、交渉術、調整能力、紛争解決能力などが大事になってくるのだ。研修を受けるのももちろん効果がある。だが高い地位で要求される能力を身につけるためには、プロジェクト・チームを引き受ける、新しいことを果敢に試みる、さまざまな地域や分野の仕事を経験するといったことが欠かせない。

〈九〇日プラン〉を立てる

待ち受ける状況がどんなものであっても、九〇日間のプランを立て上司の了解を得ておくのは有効である。着任後二、三週間もすれば職場に慣れ様子もわかってくるので、プランを立てることができるだろう。

プランは必ず紙に書くことを奨める。優先順位、最終目標、中間目標だけのごく簡単なものでかまわない。肝心なのは、これから何に時間を割き、何をして何をしないのかをはっきりさせることである。できあがったら上司にみせ、了解を取り付ける。〈九〇日プラン〉はあなたと上司の間の契約と認識すべきである。

プランを立てるときは九〇日を三つに区切って考えるとやりやすい。そして三〇日ごとに上司と進捗状況をチェックする。最初の三〇日は学習と信頼の獲得が中心になる。マイケルに倣ってあなたも現状を理解する時間がほしいことを上司に伝え、了解を得ておこう。次に〈学習科目〉を絞り込み、一週間ごとの目標と評価基準を決めておく。

三〇日の間に現状をしっかり認識し、何をすべきか優先順位をつけたい。緒戦で勝利を収める作戦も練っておこう。三〇日目のミーティングではお互いの現状認識と期待を確認する。そして次の三〇日の計画に了解をとる。

六〇日目には進捗状況を話し合い、次の三〇日の計画を示して同意を得る。状況やあなたの地位にもよるが、九〇日目のミーティングでは、必要な経営資源、戦略、チームの評価などを話し合うといいだろう。

いい上司になる

新任リーダーは上司といい関係をつくるだけでなく、自分自身がいい上司になる必要もある。昇進すれば新しい部下を抱えることになる。あなたが上司とうまくやりたいように、彼らもあなたとうまくやりたいと思っている。部下にとってとっつきやすい上司であるよう努力してきたか、胸に手を当てて考えてみよう。何か改善すべき点はないだろうか。

上司といい関係を築くための本章のアドバイスを部下と自分の関係に当てはめるとどうなるか、ここで考えてみてほしい。実はあなたと上司のための〈べし〉〈べからず〉は、そのまま部下とあなたにも応用できる（コラム「移行期の黄金律」参照）。つまり〈五つの対話テーマ〉は、部下といい関係を築くのにも有効だ。着任したらさっそく活用し、部下一人ひとりとコミュニケーションをとろう。ミーティング前の下準備もお忘れなく。たとえば状況と戦略に関する第三章を読んでおくと役に立つ。部下と上司が早く「話せる関係」になれるよう、上司であるあなたの側から手を貸そう。

●移行期の黄金律

九〇日の移行期をうまく乗り切るために、新しい上司にしてほしいことはないだろうか。どんな助言やサポートをしてもらえたらありがたいだろう。簡単にリストアップしてほしい。

さて今度は、あなたの新しい部下に目を転じよう。あなたは部下に対しどんな助言やサポートをしてあげただろうか。こちらもリストを作成する。

そして次に、両方の結果を突き合わせてみる。自分がしてほしいことを部下にしてあげているだろうか。「してもらう」ばかりで「してあげない」ようなら、かなり問題だ。「自らの欲することを他者にもせよ」――この黄金律は移行期にも当てはまる。

部下が早く慣れるよう手を貸すのは、人気取りなどをするより、ずっと意味がある。直属の部下が早くエンジン全開になるほど、あなたの目標は達成しやすくなるのだから。

最後に一つアドバイス。いい上司からだけでなく、悪い上司からも学べる点はある。会社にいれば、ぱっとしない上司の下で働く事態は避けられない。しかし「いい上司より悪い上司の方が自分のためになった」と考える人は驚くほど多い。人の振りみて我が振り直せ、である。厄介な上司の下で悩んでいるなら、彼らの欠点を棚卸しし、優れた上司とどう違うのかじっくり分析してみよう。そして上司としての自分と引き比べてみてほしい。

チェックリスト

1　これまでのキャリアで新しい上司とすぐにいい関係を築けているか。どんなことがうまくいき、何はうまくいかなかったか。

2　現状認識をテーマに話し合うプランを立てよう。これまでにわかったことを踏まえてトピックを決める。何についてどんな順で話し合うと効果的だろうか。

3　期待をテーマに話し合うプランを立てよう。上司が自分に何を望んでいるか、本音を聞き出すにはどうしたらいいか。

4　スタイルをテーマに話し合うプランを立てよう。上司とはeメール、ボイスメール、面談のどれでコミュニケーションをとるとよいか。また頻度はどうか。上司はどこまで詳しい報告を望んでいるか。事前に上司の了解を取り付けるべき事柄はどれか。

5　経営資源をテーマに話し合うプランを立てよう。いま絶対に必要な経営資源は何か。経営資源が不足すると、どんな悪影響がでるか。逆の場合はどうか。あくまで具体的な仕事と関連づけて考えよう。

6　能力開発をテーマに話し合うプランを立てよう。あなたの得手不得手は何か。必要なスキルを身につけるためにどんな仕事をしてみたいか。また、どんなプロジェクトに参加したいか。

第六章 組織をデザインする

第六章で登場するのは、元人材開発コンサルタントのハナ・ジャフィー。彼女は、このほどある投信会社の人事担当副社長にヘッドハントされた。この会社は内紛に悩まされており、一部の経営幹部は同僚とろくに口もきかない有様である。ハナの仕事は、ありていに言えば、不穏分子のクビを切る社長に手を貸し内紛を収めることだった。

だがハナは、会社の組織構造や報奨制度にも問題があることに気づく。たとえば会社の発展に伴い製品の数が増えたとき、新製品を扱う事業部が設置されたのだが、次第に顧客が他部門と重複するようになってきた。にもかかわらず、どの部門にも協力しようという姿勢がまったくみられない。顧客は困って文句を言うし、部門同士は大事な顧客の奪い合いをする始末である。

組織再編が必要だと痛感したハナは、上司、すなわち社長に進言した。しかし社長は、部下のクビをすげかえればうまくいくと信じ込んでいる。これまで問題なくやってきたのだから、不出来な奴さえ放り出せば万事解決するという。

だがハナは粘り強く社長を説得した。インセンティブの設定がまずいため不要な争いが社内で起きていると説明。同じような問題に他社はどのように対処しているか、データも集めた。時間はかかったが、とうとう社長も人事交代だけでなく構造改革も必要だと認める。最終的にマーケティング・営業活動を製品別ではなく顧客別に展開する方式に切り替え、両部門を統括するポストを新たに設けることになった。同時に、有能な営業担当責任者を社外から登用。こうした一連の策が功を奏して一年後には仕事がうまく回るようになる。顧客満足度は高まり、利益は一五％も伸びた。

地位が上がるにつれ、組織全体に目配りする機会が増え、能力を発揮しやすい環境づくりが管理職として重要な仕事になる。どれほどカリスマ的なリーダーでも、屋台骨がしっかりしていない組織ではさしたる成果は望めない。やわな組織では、あちこちの綻びを毎日修繕するような徒労を繰り返すことになってしまうだろう。

まずは組織の〈四つのSと一つのC〉すなわち戦略（Strategy）、組織構造（Structure）、システム（System）、スキル（Skill）、文化（Culture）を理解し、五つの要素がうまく噛み合っているかチェックしよう。最初の数カ月ではおおざっぱな診断しかできなくてもかまわない。大切なのは、自分が率いる事業なり部門なりを客観的に評価し、改善すべき点をみきわめることである。これは、〈九〇日プラン〉の中にぜひとも含めてほしい。

最初の九〇日で問題点がわかれば、次の段階では改革に着手できる。〈四つのSと一つのC〉がすべて戦略にかなった正しい方向に向けば、大きな成果が期待できるだろう。言うまでもなくこれは二、三カ月でできる仕事ではないが、少なくとも最悪の部分だけでも移行期に手をつけたい。

これは組織の潜在性を高め、あなた自身も早くブレークイーブン・ポイントに達する王道と言える。

もし組織を大幅に変える権限がない——ハナもそうだった——としても、本章を読み飛ばさないでほしい。業績が低迷している原因は不適切な組織体制にあると上司に訴えるとき、この章のアドバイスは必ず役に立つだろう。また〈四つのSと一つのC〉について理解を深めることは、リーダーシップ能力の向上にもつながる。

組織をデザインする

自分の率いる組織——部門、事業部、あるいは会社全体——を設計するアーキテクトは自分だと考えてほしい。おそらくこの手の仕事は不慣れな人が多いだろう。じつは管理職クラスで組織設計のトレーニングを受けている人はほとんどいないのである。新人の頃は組織全体に目配りする機会がないため、誰も学ぶ必要を感じない。「会社の仕組みはなっていない」「なぜ馬鹿な上司はこの非効率を放置しておくのか」などと文句を言っているうちにいつの間にか管理職になり、立派に「馬鹿な上司」の仲間入りをしてしまう。というわけで、上に立つようになったら、組織の評価や設計についてすこし勉強する方がいいだろう。

あなたが率いる組織が目標を達成するためには、アーキテクチャの五つの要素がうまく噛み合う必要がある(原注1)。

戦略——目標達成までのグランドデザイン
組織構造——人材配置と業務分担
システム——業務プロセスの集合体
スキル——個人やチームの能力
文化——価値観、規範、信念

目標を目指すに当たっては、言うまでもなく戦略が重要である。しかし五つの要素のどれか一つでも戦略目標から逸脱したら、達成はおぼつかない。戦略は他の要素に影響を及ぼすが、他の要素からも影響を受けるのであり、戦略を変更すれば組織構造やシステムも、また必要なスキルも変わってくる。図6-1に示すように、戦略とそのほかの要素とはつねに密接に結びついている。

図6-1 組織を構成する〈四つのSとひとつのC〉

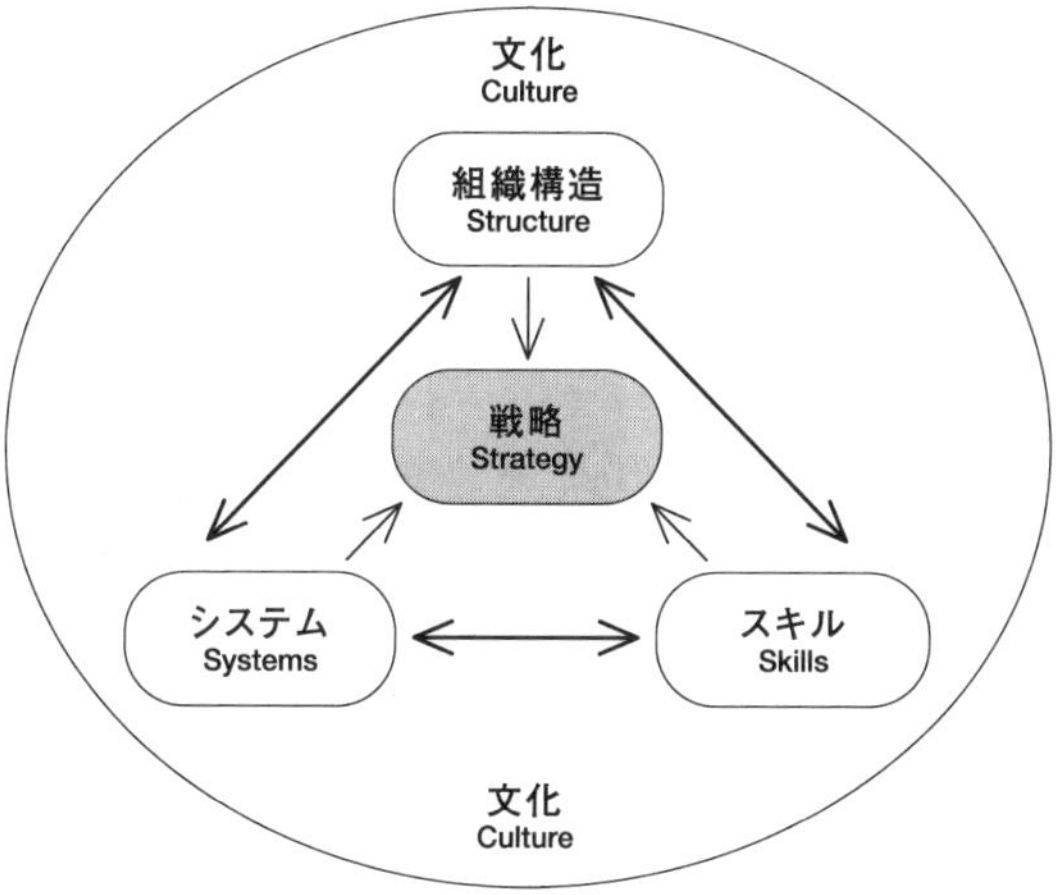

不協和音を突き止める

組織の歯車が噛み合わなくなる原因はさまざまである。移行期における新任リーダーの目標の一つは、不協和音になりそうな要素を探り出し、それを正す設計図を引くことだ。よくある不協和音の原因を以下に掲げる。

戦略とスキルの不調和――あなたは研究開発チームのリーダーで、新商品のアイデアをどしどし提案することがチームの目標だとしよう。しかしチームは、実験を効率よく進めるテクニックやサポート・ツールがわかっていない。この場合、戦略とスキルが不調和と言える。

システムと戦略の不調和――あなたはマーケティング部門の責任者で、新規顧客セグメントに力を入れるという戦略を立てた。ところが顧客情報を蓄積・分析する効率的なシステムがない。これでは、システムは戦略を支えられない。

組織構造とシステムの不調和――あなたは製品開発グループのリーダーで、メンバーは製品ライン別に仕事を担当している。理由は、製品別ならそれぞれ得意な専門知識を発揮できるからだ。しかし各グループが別のグループの専門知識を活用するシステムが整っていない場合、組織構造とシステムが噛み合わず、組織全体としてみたときに最高の成果は期待できない。

落とし穴を避ける

不協和音を正すのは難しい仕事であり、新米リーダーはとかく短絡的な対症療法に頼りがちである。よくある過ちを掲げるので、気をつけてほしい。

深刻な問題を抱えているときに組織再編を試みる——トラブルを抱えているときに大々的な組織再編に着手するのは、嵐の中で大工仕事をするような愚行である。組織再編が真の解決策なのか、しっかり確かめよう。さもないと、新たな不協和音を生み出し、事態を悪化させるだけである。仕事の効率は低下し、あなたの信用も失墜しかねない。

組織構造をむやみに複雑化する——先の例とよく似た落とし穴である。組織を細分化して「創造的緊張」を生み出すなどと言うとなかなか魅力的に聞こえるが、実際には縄張り争いに明け暮れる官僚主義に陥りやすい。責任分担はできる限り明快に一本の線でつなぐ。目標にかなう限り、組織図はなるべく単純なものがよい。

業務処理を自動化する——コア・プロセスを自動化すれば、生産性、品質、信頼性は大幅に上昇するかも知れない。だがハイテクを駆使して既存プロセスをスピードアップするだけでは、問題は解決しない。IT頼みは重要問題を解決できないどころか、往々にして悪化させる。まず最初にいまのやり方を吟味し、すぐにできる合理化を図ること。ハイテク導入に効果があるかどうかを決めるのは、そのあとで十分である。

改革のための改革に走る―― 塀を壊す前に、なぜその塀が立てられたのか考えよう。新米リーダーは何か実績をつくろうと焦るあまり、よく事情も知らないまま戦略や組織に手をつけやすい。第二章でも取り上げたが、〈行動強迫症〉は決していい結果にはつながらない。

変化にすぐ順応できると高を括る―― 野心的な戦略を口で言うのは簡単だが、組織がそれに対応するのは決して容易ではない。時間が許すなら、少しずつ前進するやり方を選ぶ方がよい。まずは緊急度の高いことから手をつけよう。戦略の変更は様子をみながら控えめに行い、徐々に組織構造、プロセス、スキル、文化へと拡げていく。

組織設計に着手する

組織をデザインするのは、長い航海に出るようなものである。まずは目的地（使命と目標）を定め、航路（戦略）を決める。次に乗る船（構造）を設計し、装備（システム）を用意し、乗組員を訓練する（スキル）。航海の間は、海図に描かれていない珊瑚礁や浅瀬に衝突しないよう、いつも見張っていなければならない。

組織設計にはおのずと手順があることを知っておきたい。戦略を決めずに組織構造を変えるのは効率が悪い。能力開発も、目標・戦略・組織構造が定まってからにした方がいい。次におおまかな手順を掲げる。

(1)戦略を立てる

会社全体の経営目標やあなた自身の業績目標に照らして自分の部署がどんな位置づけなのかをまず考えてほしい。そのうえで戦略を立てる。大きな目標に対して論理的な矛盾がないか、さまざまな角度から検討しよう。

(2)組織構造、システム、スキルを考える

新たな戦略を立てたら、いまの組織構造、システム、スキルでそれを支えられるか考えなければならない。よく吟味し、新しい戦略にふさわしくないようなら、どう対処するかを考える。

(3)新戦略の導入時期と方法を決める

現状をしっかり把握したら、いつどのように新戦略に切り替えるかを決めよう。ポジショニング（市場、顧客、サプライヤー）の変更と組織構造、システム、スキルの変更を明確にし、無理のない期限を決めて実行に移す。

(4)組織構造、システム、スキルは同時に変える

三者は密接に結びついており、どれか一つだけを取り出していじくるわけにはいかない。

(5)学習する

組織構造、システム、スキルを理解するに従い、どこに改善の余地があるかもはっきりしてくるだろう。そうなれば、あなたが率いる組織の長期的・戦略的な位置づけもみえてくる。

第一のS――戦略

戦略は目標達成に欠かせないものであり、競争における会社全体の優位にも貢献する。戦略とは、簡単に言ってしまえば、何をすべきで何をすべきでないかを決めるものである。戦略を立てるにあたっては、四つのC――顧客（Customer）、資金（Capital）、能力（Capabilities）、重点分野（Commitments）――を検討する必要がある。

顧客――今後も大切にしたい顧客はどんな顧客だろうか。撤退を考えるべき顧客セグメントはないか。参入すべきセグメントはどれか、時期はいつがいいか。

資金――投資対象として有望な分野、利益が見込める分野はどれだろうか。追加予算が必要になりそうなのはどの部門か、それはいつか。予算はどうやって捻出したらいいか。

能力――あなたが率いる組織は何が得意で何が不得意か。いま備わっている能力のうちどの能力が活用できそうか。これから求められる能力は何か、それは自前で育成できるだろうか。

重点分野――重要な経営資源のどれをいつどこに投入すべきだろうか。過去の重点分野のうち継続せざるを得ないものはどれか、撤退すべき分野はどれか。

経営戦略について詳しく論じるのは本書の目的ではないが、巻末に参考書籍を掲げたのでお読みいただければと思う。ここでは戦略を評価するポイントだけを述べる。

整合性

市場・製品・技術の選択、実行計画、目標など戦略を構成する要素に一貫性はあるだろうか。これらがすべて戦略の背後にある経営理念と矛盾なく調和しているか、検討しよう。現在の戦略ではあらゆる影響が考慮されているだろうか、また現実に実行可能な戦略になっているだろうか。

戦略の合理性を評価するときは、まずは計画書やミッション・ステートメントなど公式の資料に目を通すとよい。次に戦略を構成要素（市場・製品・技術・実行計画・目標）に分けて考える。戦略の各要素は矛盾なく調和しているか。市場分析と事業目標に食い違いはないか。製品開発予算は投資計画の枠内に収まっているか。営業部隊は新製品の発売に備えて抜かりなく販売計画を立てているか……等々。

全体として戦略が合理的であれば、構成要素の結びつきは新任リーダーのあなたにとってもわかりやすいはずだ。

妥当性

現在の戦略は、今後二、三年のニーズを見越した適切な戦略になっているだろうか。あなたの部署の戦略は、組織全体の大きな戦略から逸脱していないだろうか。熟慮のうえに策定され論理的に破綻のない戦略だとしても、将来や会社全体にとって妥当かどうかは大きな問題である。その戦略を実行したら数年後に大きく成長する力を与えてくれるのか、会社全体にとって意味があるのか、もう一度見直してみよう。

戦略の妥当性を評価するときは、次の三項目に注意するとよい。

裏付けをとる――この戦略には、努力に見合う見返りがある、と上司は本気で信じているだろうか。戦略実行のための経営資源はきちんと確保されているか。意欲が湧くような高い利益目標が掲げられているか。設備投資のための資金はあるか。研究予算はどうか。

SWOT分析を活用する――強み（Strength）、弱味（Weakness）、機会（Opportunity）、脅威（Threat）の四つの軸から戦略の妥当性を評価する（原注2）。それぞれの例を以下に掲げる。

S――消費者の嗜好の変化に応じて柔軟に商品を開発できる

W――数少ない旧モデルへの依存度が高い

O——既存ブランドを拡大展開するだけで新市場への進出が可能である
T——優れた新技術を持つ競合他社が主要市場に参入してきた

戦略が立案された背景を知る——戦略立案プロセスを検証する。戦略は短時間であわただしく立案されたのか、それとも何度も会議を重ねて決められたのだろうか。前者の場合、波及効果が十分に認識されていない可能性がある。後者の場合は最大公約数的な妥協の産物に堕しているかも知れない。立案プロセスに問題があれば、戦略の妥当性もあやしくなってくる。

実行状況

戦略は着実に実行されているだろうか。もし着手されていないとしたら、それはなぜか。実行されている場合、進み具合はどうだろうか。部下の説明よりも行動に注目することが大切である。そうすれば、戦略のどこが不備でどんな問題点があるかみえてくるだろう。戦略そのものがまずいのか、実行の仕方に問題があるのか。次の点をチェックするとよい。

- 評価基準は戦略とリンクしており、日々の意思決定に生かされているか。
- 管理職の行動は戦略と矛盾していないか。
- チームワークや業務横断型の協働を必要とする戦略の場合に、それらは行なわれているか。

・新たなスキルが必要な戦略の場合、トレーニングや能力開発プログラムは用意されているか。

こうした質問リストを用意してチェックすると、戦略そのものに修正が必要なのか、このまま推進してよいかがはっきりする。

戦略の変更

引き継いだ戦略に重大な欠陥がみつかったとしよう。戦略そのものあるいは実行方法を大幅に変更することは果たして可能だろうか。答は、直面している状況とあなたの説得力次第である。

戦略変更の必要性を説得するのは、新任リーダーにとって最も難しい仕事の一つである。「自分たちはとてもうまくやっている」と信じている部下に「そのやり方ではダメだ」と言わなければならないのだから。戦略そのものが間違っている場合には、まずは上司に疑問をぶつけよう。たとえば次のような質問をしてみるといい。

・この戦略目標を実現できた場合、想定外の「副作用」が起きる心配はないか。
・この戦略が目指すのは市場拡大だと思うが、それは本当に当社が望むことなのか。
・この戦略はかなり野心的だと思える。もうすこし現実的な目標を別に設定してはどうか。

戦略自体は妥当だが進み具合が鈍いと感じられるときは、当面は微調整で様子をみることにし、大幅修正は後回しにする方が賢明である。たとえば収益目標をすこし引き上げる、設備投資を前倒しにするといった措置をとり、組織の実態をよく把握し援護射撃が得られるようになってから大幅な変更に手を付ける。

第二のS——組織構造

戦略変更の必要性が明らかになったら、戦略を適切に支えられるよう、次は組織構造を見直す。いま現在の構造はどうなっているのか。人員配置やプロセスは戦略を実行しやすい体制になっているだろうか(原注3)。組織構造を成り立たせる次の四要素を吟味しよう。

事業単位——編成は、職能別・製品別・地域別のどれか。

意思決定権——どの問題は誰に決定権があるのか。意思決定はどのようなプロセスで行われるか。

実績評価・報奨制度——実績はどのように評価されどのように報われるか。

報告義務と情報共有——上司への報告と部下の管理はどのように行われているか。情報はどの程度共有され、上位の意思決定にどのように反映されるか。

現在の問題点を洗い出す

組織構造の改革に手を付ける前に、まずは先に挙げた四項目をチェックしよう。調和がとれているか、矛盾がないかをみきわめることがポイントである。

・事業単位は戦略目標を達成しやすいような編成になっているか。適材が適所に配置されているか。
・現在の意思決定プロセスによって、適切な決定が効率的に下されているか。
・戦略目標に最も貢献した実績が正しく評価され報奨を受けているか。
・現在の報告・連絡体制でタイミングよく効率的に情報が共有されているか。戦略目標を常に意識した業務管理が行われているか。

なお、新事業の立ち上げなど〈離陸〉の局面にいるときは、既存の組織構造を評価する必要はない。代わりに、望ましい組織構造の構想を練っておこう。

トレードオフを理解する

完璧な組織を望むのはどだい無理であり、優良企業といえどもどこかで妥協せざるを得ない。

つまり、うまくバランスをとることが大切になってくる。組織改革をするつもりなら、次の点を心に留めておくとよい。

知識・能力――同じような経験や能力を持つ人間でチーム編成をする場合、専門知識は蓄積しやすい。だがあまりに狭い分野に偏っていると、孤立したり視野が狭くなったりといった弊害が出てくる。逆にさまざまな経験や能力を持つ人間でチーム編成をするとその心配はない代わり、専門性の高い能力・知識の育成は難しくなる。

意思決定――組織全体にとってベストの決定を下す仕組みが整っているならば、現場にいて必要な情報を持っている人間が決定を下すのが最もよいと言える。意思決定プロセスが一極に集中している場合、短時間で効率よく物事を決めることは可能だが、現場の情報や知恵を生かすことができにくい。そうなると誤った決定を下しやすく、また一人の人間に負担がかかりすぎることになる。逆に意思決定が現場任せになり、みんなが全体への影響を考えずに勝手な決定を下すようだと、これもまた好ましくない。

報奨制度――うまく設計された報奨制度であれば、決定権を持つ人間の利害と組織全体の利害が一致する。こうなると、誰もが組織の利益のために働こうとするだろう。個人の貢献をないがしろにするような制度は意欲を失わせる。逆にチームワークを軽視する制度だと、組織の目標を顧みず個人プレーに走ることになりかねない。複数の部署が顧客のうばい合いをしていたハナ・ジャフィーの会社はこの例に当たる。

報告義務と説明責任――誰が誰に報告し、誰が実行し、説明責任を負うのか、そのあたりの関係をはっきりさせる必要がある。上下の報告関係は単純でわかりやすいが、とかく縦割り構造になりやすく、情報共有が進まないという欠点がある。マトリクス構造など情報共有の範囲が広く複雑なやりとりが組み込まれていれば、縦割り構造化は防げる代わり、説明責任がうやむやになる恐れがある。

第三のS――システム

情報・原料・知識などの材料は、システムすなわち業務プロセスの体系を通じて製品・サービス、新しいアイデア、新しいリレーションシップなどに変換される。組織構造と同じくシステムが戦略から逸脱していないか、ここでもチェックが必要だ。システムやプロセスは、戦略目標を達成しやすいようなつくりになっているだろうか。

プロセスの規模や種類は、戦略目標の性格によって変わってくる点に注意してほしい。たゆみない実行を必要とする目標なのか、それともイノベーションの創出が必要になる目標だろうか(原注4)。目的と手段を厳密に規定したプロセスが整っていなければ、製品にせよサービスにせよ品質や信頼性を高めることは不可能だし、コストの切り詰めも難しい。その端的な例を、製造プラントやサービス産業にみることができる。だが事細かに決められ管理されたプロセスは、往々にしてイノベーションを阻害する。イノベーションの創出が戦略目標ならば、それにふさわしいプロセスが望ましい。中間目標を設定して進捗状況を見守ることにとどめ、厳格な管理は避ける。

プロセスを分析する

あるクレジットカード会社の業務プロセス分析結果を表6-1に掲げた。この会社はプロセス・マップを作成し、一つひとつのプロセスを改善すると同時に実績測定基準を見直し、戦略目標に合わせて報奨制度を修正した。またそれまで見過ごされていた問題点が突き止められたことが、手順の見直し、新たなサポート・ツールの導入につながっている。こうした努力が実

表6-1 プロセス分析—クレジットカード会社の例

製品・サービスの提供プロセス	サポート・プロセス	業務プロセス
カード申請処理	代金回収	品質管理
信用調査	顧客調査	財務管理
カード発行	顧客関係管理	人事管理
承認管理	情報管理	
カード取引処理		
請求発行		
決済処理		

を結んで顧客満足度が高まっただけでなく、生産性も大幅に上昇した。

さてあなたの会社や部門にも、このクレジットカード会社に負けず劣らずたくさんのプロセスがあることだろう。まずはどんなプロセスがあるのか把握してほしい。次に戦略実行に最も大切なプロセスをみきわめる。これがコア・プロセスだ。たとえば製品開発に当たって顧客満足度の向上が戦略目標であるならば、製品提供プロセスがコア・プロセスを形成することになる。

システムと組織構造をすり合わせる

コア・プロセスが戦略にかなっていると確認できたら、今度は組織構造すなわち人員編成や配置と矛盾していないかチェックする。システムと構造の関係は、人体になぞらえるとわかりやすい。骨格、筋肉、皮膚などは人体の営みを支える構造に当たる。そして循環器系、呼吸器系、消化器系などは、さまざまな臓器が調和して働けるようにするシステムである。企業組織も人体組織と同じように、構造とシステムがどちらも健全であって、お互いに支え合わなければいけない。

コア・プロセスは、次の四点から評価する。

生産性――知識・材料・労働は効率的に価値を生み出しているか。
時期――価値を提供するタイミングは適切か。
信頼性――プロセスは信頼できるか、それともしばしば機能しなくなるか。

品質――つねに品質基準をクリアできるか。

システムと構造が一致していれば、力強く戦略を支えることができる。たとえばカスタマー・サービス部門内で顧客担当チーム同士の情報共有が効率的に行われていれば、顧客に波及する問題が一つのチームで発生しても、すべてのチームが迅速に対応できる。

逆にチームごとに営業プロセスが異なり、同一顧客を奪い合うなどシステムと構造が調和していない場合には、互いに足の引っ張り合いになりやすい。

コア・プロセスを改善する

それではいよいよコア・プロセスの改善に着手しよう。まずはプロセス・マップを作成する。仕事の流れがどうなっているか、線でつないでみよう。受注から納品までのプロセス・マップを図6-2に掲げた。

一人ひとりに自分が担当するプロセスを最初から最後まで書き出してもらい、次にチームでマップを検討し、どこに問題があるか、一つの仕事から次の仕事へのつながりはうまくいっているかチェックする。たとえばある注文についてとくに納期を早めるよう顧客担当者から指示があったにもかかわらず、うまく出荷担当者に伝わらない、といったことはないか。こうした連絡ミスは、プロセスの不備から起きることが多い。チームで話し合ってミスをなくすにはどうしたらいいか話し合おう、これはすなわち、サービスを大幅改善する機会にほかならない。

　プロセス分析をすると、組織学習の必要性がはっきりする。誰がいつ何をしているかを全員が理解でき、仕事の流れが明快になり、ボトルネックもみきわめやすくなる。そうなれば解決はたやすい。あとは一気に大胆な改革をするか、徐々に修正していくか、決めればよい。

　ただし、注意してほしい。リーダーであるあなたはおそらくたくさんのプロセスに責任があるだろう。もしそうなら、プロセスを総合的な視点から管理することを肝に銘じてほしい。一度に二つ以上のプロセスに変更を加えるのは禁物だ。人間は大幅な変更を簡単には受け入れられないものだからである。また前にも書いたが、むやみにプロセスを自動化するのは考えものである。自動化によってプロセスの非効率が解消

図6-2 **プロセス・マップ**

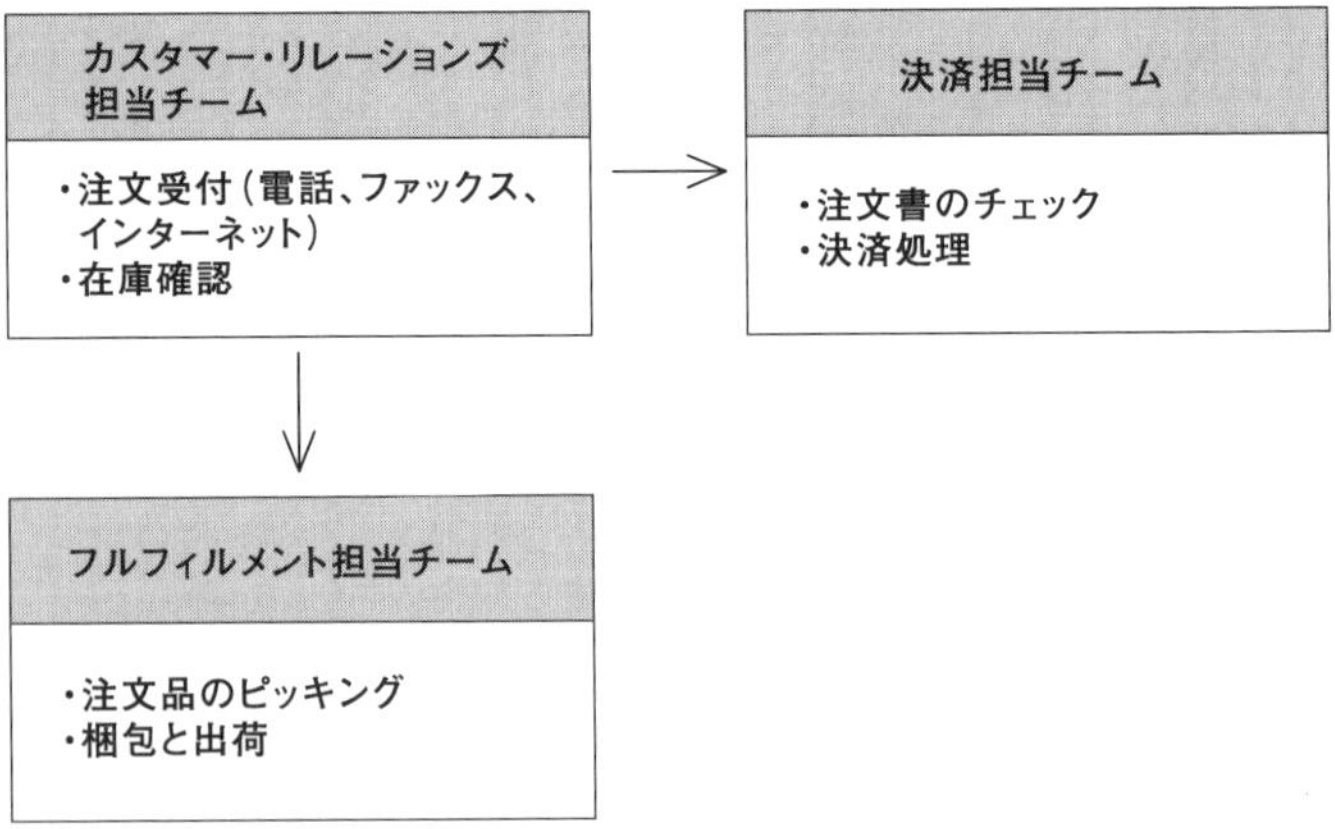

した例は少ない。プロセス絡みの問題点は、その多くが意思疎通の不備や手順の不徹底あるいは誤解と関係がある。そうした問題を根本から解決する方が、単に処理手順を自動化するよりはるかに大きなメリットが得られるだろう。

第四のS――能力開発

あなたの部下にはコア・プロセスを確実にこなす能力や知識が備わっているだろうか。答がノーなら戦略目標の実現は難しいし、そもそもアーキテクチャ全体が機能しない。あなたの職場の能力は、次の四点から評価しよう。

個人の能力――トレーニング、教育、経験を通じて形成され個人に属する能力
関係構築能力――個人の能力や知識を統合し組織全体として目標を達成する能力
技術的能力――顧客データベースや研究開発能力など業績に貢献する技術力
メタ知識（知識に関する知識）――知識をどこで入手できるかについての知識

現状を把握する

能力評価の目的は、第一に必要な能力と現状との乖離を把握すること、第二に活用されていな

い経営資源を発掘することにある。能力を開発し、眠っていた資源を活用できれば、組織の能力は大幅にアップするだろう。

現実と理想の乖離を知るためには、戦略とコア・プロセスをいま一度確認してほしい。戦略目標の実現に向けてコア・プロセスを進めるには、先に挙げた四種類のうちどんな能力や知識が必要だろうか。理想の能力・知識構成を考え、現状との格差を把握する。すぐに補えそうなのはどれか、開発に時間がかかるのはどれだろうか。

続いて、十分に生かされていない経営資源がないか、探してみよう。平均以上の実績を上げている部下あるいはチームがないか、注意してほしい。なぜ彼らは有能なのだろう。何か特別な経営資源（たとえば技術、プロセス、材料、サポートなど）を持っているのだろうか。他の部下やチームにもそれを活用できるだろうか。あるいはまた、関心がなかったり資金が不足しているせいで有望なアイデアが眠ったままになっていないだろうか。新しい市場や顧客のために既存の経営資源を流用することは可能だろうか。手持ちの札をよくチェックしよう。

一つのC――組織文化

組織文化は、アーキテクチャを構成する四つのSに深い影響を及ぼす。新しい職場で直面する問題のほとんどは、その職場独自の文化に絡んでいる。

組織の文化は目に見えない規範や価値観から成り立ち、構成員の行動やものの見方・考え方はそれらに左右される。ある組織がどんな文化を持っているかは、そこに属する人間が何をするか、何をしないかをみればわかる。既に述べたように、文化は長い時間をかけて根を下ろしているので、その存在すら意識されていないことが多い。

習慣や不文律といったものは、変革の必要が差し迫っているときですら、現状維持の方向に作用するやっかいな代物である。したがって新任リーダーは、職場の文化に潜む問題点を早く発見し対処する必要がある。さもないと、この一つのCは四つのSを支えるどころか足を引っ張ることになりかねない。

職場の文化を理解するためには、表面的な要素——日常のやりとりや態度、服装など——だけでなく、職場に根づく規範——全員が暗黙のうちに認めているルール——にも目を凝らさなければいけない。誰もが当たり前のように受け入れている「見えない決まり」をみつけよう。戦略目標に合わせて組織を設計し直すつもりなら、次の二つに注目するといい。

影の権力——誰からも一目置かれている影の実力者は誰か。

価値観——どんな行動が価値の創出につながると考えられているか。また、価値とは何を意味するのか。利益か、それとも顧客満足か、あるいはイノベーションか。

影の実力者を知るには、過去の決定がどのような経緯で下されているかを調べるといい。たとえば、誰は誰の意見に従うだろうか。また価値観を知るためには、何に最も時間が割かれているか、何をするときに職場がいちばん活気づくかをみるとよくわかる。たとえば顧客へのサービスが大切にされているだろうか。これまでにないアイデアを重んじる気風があるだろうか。それとも規範の遵守が重視されるのだろうか。

文化を変える

どうがんばっても九〇日だけでは、職場に根づく文化がどんなものかを理解し、そのうちのごく一部を変えることぐらいしかできない。以下に、文化にメスを入れる五つのヒントを掲げる。どの方法を採るにせよ、〈四つのS〉すなわち戦略、構造、システム、スキルと調和させることをつねに考えてほしい。

実績評価基準とインセンティブを変える――何を評価するかの基準を変え、個人の到達目標をそれに合わせて修正する。またインセンティブは、戦略目標に応じて調整する。製品開発の推進が目標ならチームに対する報奨に比重を移し、個人営業の拡大が目標なら個人に対する報奨を重くする。

パイロット・プロジェクトを立ち上げる——新しいITツールに触れたり新しい行動パターンになじむ機会をつくる。たとえば革新的な製造プロセスを体験する、流通上の問題の解決に取り組むなどが考えられる。

社外から人材を登用する——新しい血を入れることは、マンネリを打破し心地よい緊張を与える効果がある。高い専門性を備えた人材、コミュニケーション能力にたけ対話を進めてくれるような調整役にふさわしい人材が好ましい。

組織学習を奨励する——顧客や競合に対するまったく新しい見方など、発想法を転換させるような学習やトレーニングを行う。同業の優良企業を見習う方法も悪くない。

集団思考を刺激する——集団の力で新しいアイデアを生み出す。たとえば会社を離れた自由な雰囲気のなかでブレインストーミングを行ってはどうだろう。

まとめ

以上のヒントを参考にして組織改革計画を立て、取り組んでほしい。うまくいかないときは本章に立ち戻り、どこに問題があるか考え直すことを奨める。

チェックリスト

1 四つのSと一つのCは調和していると思うか。さらに深く組織を理解するにはどうしたらいいか。

2 顧客、資金、能力、エネルギー配分のどこに問題があるか。問題を解決するにはいつどのように決断を下すべきか。

3 組織の戦略は目標と一致しているか。目指す目標として適切か。修正の必要はないか。

4 いまの組織構造の長所短所は何か。手直しは必要か。

5 コア・プロセスはどれか。それらはうまく機能しているか。どのプロセスを優先的に改善すべきか。

6　理想のスキルと現状との差は大きいか。眠っている能力や人材はないか。能力改善はどこから着手すべきか。

7　組織文化のうち、戦略にプラスになる要素、マイナスの要素はどれか。どの要素は改善できそうか。

第七章 人事を固める

第七章の悩めるリーダーは、精密機器メーカーに勤務するリアム・ジェフィンである。彼はこのほど、内紛が起きている事業部の部長に指名された。キャリアの中で大事な勝負所である。新しい部署について知るために前年度の人事考課表を読んだリアムには、どこに問題があるのかがおぼろげながらわかってきた。考課表によると、「きわめて優秀」か「きわめて無能」な社員しかいないことになっている。中間がいないのだ。前任者が相当偏った見方をしていたのは明らかだった。

直属の部下と話した感触でも、リアムの予想が的中していることが確かめられた。考課表はどう考えても公正とは言えない。とくに問題なのはマーケティング主任に対する評価である。まずまずの力はあるが、「天才的」というにはほど遠い。明らかにえこひいきだが、本人は前任者の評価を信じ切っている。一方、営業主任は非常に有能な女性なのだが、手ひどい評価を受けたことで前任者を快く思っていない。当然ながら、二人の仲は最悪だった。

二人のうちどちらか、あるいは両方を辞めさせなければなるまいとリアムは覚悟を決める。まずは個別に面談し、前年度の人事考課をどう思うか本音を聞いたうえで、それぞれの能力を再評価するための〈九〇日プラン〉を立てた。並行して人事担当副社長と連絡を取り、新しいマーケティング主任の候補者探しを極秘で開始する。また中間管理職とのミーティングも行い、各人の力をみきわめると同時に、リーダー役にふさわしい候補者にも当たりをつけた。

三カ月が過ぎる頃、リアムはマーケティング主任を「落第」と決めた。そう告げると、彼はすぐさま会社を辞めてしまった。一方、営業主任の方はなかなかよくやっている。リアムはさらにチャンスを与え、彼女はそのたびに力を発揮した。これなら大丈夫と確信したリアムは、営業とマーケティングの両方を任せることにした。

これから一緒に仕事をする職場に好ましくない人間がいるとこの先うまく行かないことを、リアムはよくわきまえていた。リアムのように直属の部下を前任者から引き継ぐ場合には、能力や適性をよく吟味し、より高い目標を目指すのにふさわしい人材を選ばなければならない。九〇日のあいだにあなたが下す決断のなかでいちばん重要なのは、おそらく直属の部下に関するものだろう。優れた人材で足元を固めれば、必ず高い成果を上げられる。だがそうでない場合には、ずっと悩まされることになる。どんなに有能なリーダーでも、たった一人ではたいしたことはできない。出だしで人選を誤ると、あとあと祟る。経験豊かな経営者の言うとおり、「あわてて選ぶとのちのち後悔する」のだ。

「適材」を探すのも大切だが、急いではいけない。まずは、いまいる部下のうち誰を残し誰は放出するかを決め、補充計画を立てよう。「適材」を「適所」に配置するのはそれからである。ただしこのとき、短期的な業績が大幅に落ち込まないよう、配慮したい。また目標に即したインセンティブと実績測定基準を定めることや、チームワークを促す環境づくりも大切である。これらが整えば、全員がおのずと正しい方向に走り出す。本章ではこうした手順について詳しく説明する。

最強の布陣で臨むには

新任リーダーの多くが人事采配でつまずく。するとブレークイーブン・ポイントに到達するのが遅れるだけでなく、目標を目指す路線から脱線しかねない。新任リーダーのために、人事を巡るヒントをいくつか掲げておこう。

不適切な人物を長いこと抱え込まない　――　早まって「大掃除」してしまうリーダーもなかにはいるが、たいていの新任リーダーはどちらかというと「整理下手」が多いようだ。「不出来な部下も、自分のように優れたリーダーの下なら力を発揮するだろう」という過信の現れなのか、それとも単に厳しい通告をしたくないせいだろうか。いずれにせよ新任リーダーは、ぱっとしない部下を抱え込みがちだ。これではリーダーはずっと悩まされるか、共倒れになるか、どちらかになってしまうだろう。管理職になれば自分で何でもやれると思うかも知れないが、実際にはそうではない。どのみち、人事の問題は、先送りにすれば悪化する。ある経営幹部がいみじくも指摘したとおり、「誰かが無能だとしたら、その同僚もそのまた同僚も間違いなくそれに気づく」のだから。経験的に言うと、九〇日の終わりには誰を残し誰に引導を渡すか決めるのがよい。そして半年後には、重要なポストの人事を決めて上司と人事部の了解をとる。ぐずぐずしていると前任者の部下はそのまま「あなたの部下」になり、クビをすげかえようにも理由づけが難しくなってしまう。なお言うまでもなく、あなたの部署が〈四つの状況〉のどれに該当するかによって緊急度は違う。〈方向転換〉の局面なら急がなければならないし、〈高度維持〉なら時間をかけてもよい。大切なのは期限を決めて直属の部下を選び、九〇日のうちに行動を起こすこと。そしてあとは迷わないことである。

必要な手直しは先送りしない——〈離陸〉の局面を除き、ゼロからチームを作り上げるケースはめったになく、前任者から部下を引き継ぐはずである。したがって業績目標の達成に必要な人材がほかにいたら、そのなかに取り込まなければならない。足元を固めるこのプロセスは、飛びながら飛行機の修理をするのと似ている。修理をせずに放っておくと目的地に到達できそうにないが、かといってむやみに心臓部をいじると墜落してしまうかも知れない。これは、ジレンマである。人事も同じだ。不要な社員は放り出さなければならないが、そのうちの何人かは当面の仕事に必要である。そんなとき、どうしたらいいだろうか。当座の処置として、派遣社員を一時的に雇う、期待に応えられそうな社員を抜擢する、などの手が考えられる。

組織戦略と人事は同時に行う——パイロットは、行く先やルートや乗り組む飛行機を知らずにクルーを選ぶことはできない。職場のリーダーも同じで、戦略や組織構造が定まらないうちに人材を選ぶことはできない。さもないと、あたら有能な人材を合わない仕事に就けてしまうことになる。図7-1に示すとおり、組織戦略と人事は並行して進めよう。

有能な人材はがっちりおさえる——有能な人材に逃げられるとダメージが大きい。ある経験豊富な経営者が言うとおり「木全体を揺すぶったら、いい果実まで落ちてしまう」。つまり誰を残し誰を切るか曖昧なままにしておくと、残しておきたい社員まで転職を決意しかねない。人事はデリケートなのであからさまに口にするのは控えるべきだけれども、有能な部下に対しては、高く買っていることをそれとなく知らせておくといい。ちょっとしたシグナルで相手は安心し、腰を落ち着けて

図7-1 組織の見直しと再編成は並行して行う

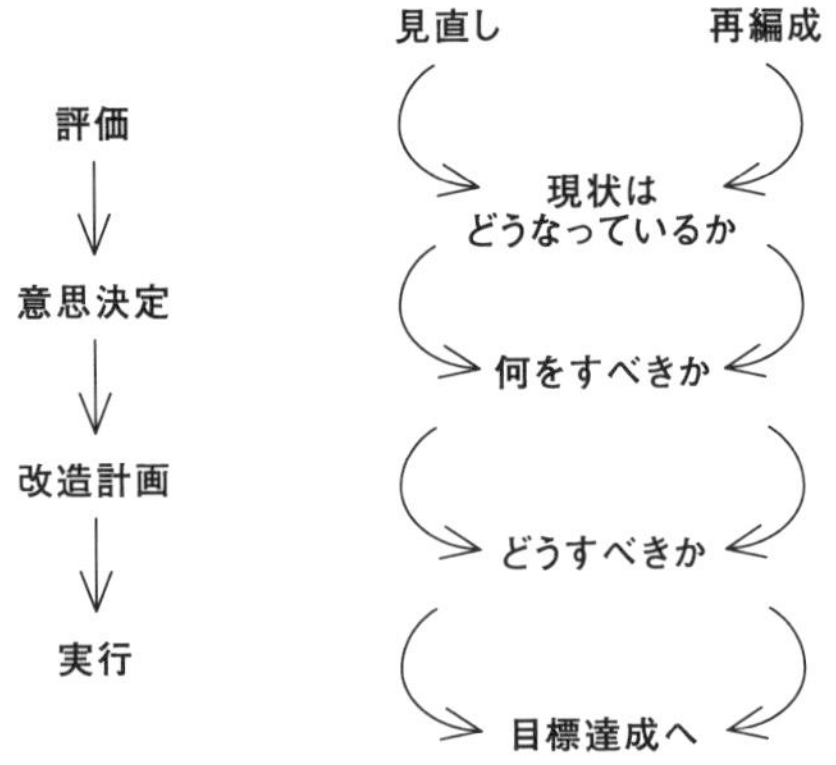

取り組んでくれるだろう。

中心メンバーがそろうまで待つ ―― 部下と一緒に解決策を練ったり、ブレインストーミングをしたり……といったことは、わくわくする作業だ。とくに何事も話し合いで決めるのが好きなタイプのリーダーなら、直属の部下と早く一緒に仕事をしたいだろう。だが焦ってはいけない。そうなると手近の部下とだけ絆が強まり、仲間はずれになったと感じる部下が出てくる。組織としての取り組みは、補強や補充など全員がそろってからにすること。もちろん、その前に口をきいてもいけないという意味ではない。

早まった決断を下さない ―― たとえばプロジェクトなどの実行を伴う場合には、中心メンバーが固まるまで、決定を下すのは控えたい。自ら決定に参加しなかった事柄には、人間は熱が入らないものだ。待てないと思っても、急いで着手するメリットと、いずれ中心になるメンバーの熱心な協力を得られないデメリットとをよく勘案してほしい。

何でも自分でやろうとしない ―― 前任者から引き継いだ部下たちの集団を改造するのは、感情も交じれば法律問題も絡み、会社の方針ともかかわる厄介な作業である。これを自分一人でやろうなどと考えてはいけない。よきアドバイザーをみつけ、手を貸してもらおう。また人事部の助けを借りることも必要である。

前任者から引き継いだ部下を評価する

前任者の置きみやげは精鋭部隊かも知れないし、並かも知れないし、落ちこぼれ集団かも知れない。しかも引き継ぐのは、単に人間だけでない。内部の情実まで含まれる。なかにはあなたの地位を狙っていたライバルがいるかも知れないのだ。最初の三〇～六〇日で、一人ひとりがどんな人物か、全体のなかでどんな役割を果たしているのか、集団としてのこれまでの実績はどうか、みきわめよう。

評価基準を定める

毎日顔を突き合わせていれば、部下について自分なりの印象を持つことは避けられない。無理にそれを抑える必要はないが、あとで必ず客観的な基準に基づいて厳正に評価し直してほしい。部下を評価するときは、客観的な基準を常に意識することが大切である。次の六項目を参考にしてほしい。

能力――与えられた仕事を効率的にこなす能力と経験を備えているか。

判断力――適切な判断力を備えているか。とくにプレッシャーのかかる場面や犠牲を払わなければならないような場面で正しい判断を下せるか。

エネルギー――仕事にしかるべきエネルギーを注げるか。がんばりすぎて燃え尽き症候群に陥るタイプか、やる気のないタイプか。

集中力――優先課題を決めて全力を挙げられるか。それとも注意力散漫で何事も中途半端に終わりやすいか。

対人関係――同僚とうまくやっていけるか、チームワークを乱さないか。

誠実さ――いったん約束したことを守り抜くか。

この基準を実際につかうときは、表7-1を活用する。満点を一〇〇点とし、六項目に重みをつけて配分して表の中央欄に書き入れる（合計が一〇〇点になっているかチェックすること）。

表7-1 評価基準

評価基準	ウェイト（100点を6項目に配分）	必須項目（＊）
能力		
判断力		
エネルギー		
集中力		
対人関係		
誠実さ		

次に、あなたの考える〈必須項目〉には＊マークをつけよう。このマークが付いた項目で基準点に達しなかった人物は、その時点で失格とする。

それではここで、慎重に見直してほしい。この表は、あなたが大切に考える価値観を正しく反映しているだろうか。この表に従って評価すれば、何か重大な見落としをせずに済むだろうか。

ちなみにここで決めた配点には、「人間の性格や行動を変えられるか変えられないか」についてのあなたの考えがおのずと反映されている。たとえば対人関係の配点を低く、判断力を高くした場合、あなたは、職場の人間関係なら自分の力である程度改善可能だが、判断力はどうにもならない（↓だから判断力に優れた部下がほしい）と考えている。また誠実さを〈必須項目〉に選んだ場合――多くのリーダーがそうする――には、部下は信頼できる人物であることが何よりも大切だが、そうした人格は自分の力では左右できないと考えていることになる。

状況を考慮する

評価基準は、直面している状況によってかなり変わってくる。たとえば営業担当の副社長に昇格し、あちこちに散らばっている地域担当マネジャーを管理しなければならないとしよう。この副社長の立場は、メンバーと毎日接する新製品開発プロジェクトのリーダーとは対照的である。前者の場合、直属の部下が独自の判断で動き、しかも物理的に遠くにいるという点で、後者とは大きく違う。部下が大なり小なり単独で動くなら、新製品開発プロジェクトとは違って協調精神はあまり重要ではない。ただし遠くにいる部下の能力開発をすることは難しいので、能力や判断力の項目ではぜひとも最低基準をクリアしてほしいところである。

評価基準は、〈四つの状況〉のどれに直面しているかによっても違ってくる。たとえば〈高度維持〉の局面だったら、見込みのありそうな部下をじっくり育てる時間的余裕がある。しかし〈方向転換〉すべき状況だとしたら、即戦力となる人材が必要だ。同じように〈離陸〉の場面なら、多少ほら吹きでもやる気と集中力のある部下がほしい。しかし〈高度維持〉の局面ではそうではあるまい。

このように、自分の新しい部下を評価する基準と状況についてよく考えておくことが望ましい。そうすれば、場当たりでない的確な評価ができる。

部下と面談する

それではいよいよ、評価基準に従って部下一人ひとりの評価を始めよう。問題なのは、最低基準に達しない部下がいた場合である。こうなったら、その人物を辞めさせ補充することも考えなければならない。とは言え最低基準をクリアした部下も、それだけで及第というわけではない。次のステップに進み、長所・短所をみきわめ、配点に従って評価する。さあ、誰が合格で誰が不合格だろうか。

評価が終わったら、できるだけ部下一人ひとりと面談する。くだけた雰囲気での話し合いでもいいし、正式の実績評価でもいい。いずれにしても、部下のどこをみるか、どんな点に注意を払うか、あらかじめ考えておくことが大切である。

準備を整える——一人ひとりの記録を取り寄せ、実績その他に目を通す。能力や専門分野も知っておき、職場でどんな役割を果たせるか考える。

適切な質問をする——第二章も参考にしながら、面接する部下全員に同じ質問をする。

・現在の戦略をどう思うか。
・短期的にみてこれから直面する課題は何か、有望な機会は何か。長期的にはどうか。
・どの経営資源をもっと有効活用すべきか。
・チームやグループとしての成績を上げるにはどうしたらいいと思うか。
・君が私だったら何をいちばんやりたいか。

相手の言葉や動作・表情に気をつける——相手がどんな言葉を選ぶか、どんなきっかけで感情を爆発させるか、注意する。言葉以外のボディランゲージも見落とさないように。

・相手が口をつぐんでいること、避ける話題に注意する。相手は進んで話してくれるか、こちらが聞き出さないと話さないか。自分の守備範囲で起きた問題に対して責任を認めるか、言い訳をするか、他人のせいにするか。
・話す内容と表情や動作が一致しているか。
・どんな話題に対して強い感情を示すか。これは各人のモチベーションを暗示するものであり、将来何をきっかけに変わっていくかのヒントになるので、よく注意する。
・面談以外の場での同僚との関係を観察する。和気あいあいとし、互いに刺激し合っているか。競争意識が剝き出しで一触即発か。手厳しく批判し合うのか、遠慮がちか。

判断力をテストする

部下の判断力をみきわめよう。ここで重要なのは、能力や知性に幻惑されず、純粋に判断力だけをみることである。成績優秀であっても、いざコトに臨むと怖じ気づき判断力のなさを露呈する人間はたくさんいる。逆に能力的には平凡でも、見事な判断を下せる人間も少なくない。キーパーソンについて判断力を知っておくことは非常に大切である。

判断力を評価するには、ある程度の期間にわたって相手と一緒に仕事をするのがいちばんである。そして、㈠的確な予測ができるか、㈡予想される問題に対して予防策を立てられるかを評価する。こうすれば、流動的な状況のなかで問題点を見抜いて行動する能力を判定できる。ただしこのテストは時間がかかるので、ここではもう少し短期間で判断力をテストする方法を紹介しよう。

それは、結果が早く出るようなことについて予測能力をテストする方法である。手順としては、まず評価する相手に仕事以外で興味のある分野を訊く。政治でも野球でも、何でもかまわない。次に予測をさせる。次の政策討論会で敵陣営を論破するのは誰か、今日の試合で勝つのはどのチームか、といった他愛のないことでよい。予測をしたがらないようなら、そこに既に何らかの傾向を見てとることができる。次に予測の根拠を話してもらい、妥当性をチェックする。最後に、実際の結果と照らし合わせる。

ここでテストしたのは、専門的判断力（expert judgement）と呼ばれるものである。ある分野で「専門的」と言えるほどの能力や知識を身につけたということは、その方面に興味や情熱があることを示す。上司たるあなたには、向こうがその能力を発揮してくれるのを待つのではなく、こちらからそれを見つけ出す役目がある。

職能別に評価する

大きな事業部の長に昇進した場合、それぞれ専門分野の違う部下を抱えることになる。たとえばマーケティング、財務、業務、研究開発といった具合だ。このような場合、それぞれの専門分野を勘案して評価しなければならない。初めて事業部長に昇進した場合には、これはたいへん骨の折れる作業になることだろう。できれば社内の信頼できる人に指南を仰ぐことをお奨めする。部長や事業部長に昇進が決まったら、職能別の評価基準をつくっておきたい。営業には営業の、研究開発には研究開発のガイドラインと最低基準を設ける。経験豊富なマネジャーから、それぞれの仕事で要求される能力や資質を教えてもらうといい。

集団を評価する

部下一人ひとりの評価とは別に、グループなりチームなりを全体として評価することも必要である。集団の評価をする場合には、次の手順で行う。

資料を読む——報告書や会議の議事録を読む。事業単位別の行動調査や意識調査などがあれば、それにも目を通す。

質問の回答を分析する——個別の面談で行った質問について、グループ別・チーム別に回答を分析する。回答の傾向は一貫しているか。もしそうなら、あらかじめ共同戦線を張っているのか、ほんとうに同じことを考えているのか。回答の傾向がばらばらなのは、まとまりのない集団だからだろうか。この点を判断するのは、あなたしかいない。

集団内の人間関係を把握する——チームやグループ内のやりとりを観察しよう。連帯意識はあるか。何か目につく傾向はあるか。リーダーシップをとるのは誰か。反対意見を言いたがるのは誰か。ある特定の人物が話しているとき、他のメンバーが顔を背けたり敵意を示したり不快感を表すようなことはないか。こうした兆候を見逃さないようにし、職場がまとまっているか、対立や衝突がないか、みきわめる。

人事に手をつける

これまでの評価を通じて、一人ひとりにどう対応したらよいかがわかってきたと思う。ここで冷静に、今後の処遇を考えておこう。

現在の仕事を続けてもらう —— たいへん優秀で、能力も生かされている。

現在の仕事を続けてもらうが能力開発も必要である —— 十分に優秀だが、時間が許せば一層の能力開発に努めさせる。

異動先を探す —— 有能だが、現在の仕事では能力が十分に生かされていない。

様子をみる —— 現在の仕事に合っているか、しばらく様子をみる。必要に応じて能力開発プログラムを受けてもらう。

解雇する —— いますぐというわけではないが、いずれ辞めてもらう。

ただちに解雇する —— できるだけ早く辞めてもらう。

解雇以外の道を探す

この人物は不要あるいは有害と決断したら、すぐにも辞めさせたくなるのが人情というもの。しかしここで一呼吸置き、別の解決がないか考えてみよう。解雇は辛く難しく、時間もかかる。評価が低く勤務態度も悪いことがきちんと記録に残っているとしても、完全に退職手続きが終わるまでに数カ月かかることがある。裏付け資料が不備な場合には、まず正式の記録を作成するところから始めなければならない。

よく考えれば、きっとほかの解決策が見つかるはずだ。あなたが誠意をこめて明確なメッセージを送れば、向こうから自分に合った転職先を探し始めるケースは少なくない。あるいは人事部に掛け合い、もっと本人に合うポストを探してもらうのもいいだろう。

役割分担を変える――同じ職場内で能力に適した任務に変えるのも一つの方法である。問題を先送りにするだけかも知れないが、とりあえずは仕事を進めながら、適任者を探すことができる。

他の部署に移す――人事部と相談し、社内でもっと適した仕事に異動させる。うまくいけば、あなたも本人も会社も満足という最高の結果が得られるだろう。だが異動すれば実力をよりよく発揮できるという確信を持てない限り、ごり押ししないこと。厄介ごとを異動先の誰かに押しつけるだけの結果に終わったら、あなたの評判がガタ落ちになるのは間違いない。

補充を探す

長い目でみて「ベスト」の布陣を整えながら、当面の仕事は進めなければならない――そんなときには、出来の悪い部下を使い続けながら補充を探す方法をとる。客観的な評価のうえで「こいつは使えない」と判断したら、すぐに適任者を探し始めるのが賢明である。直属の部下のなかだけでなく、社内の別の部署や下のポストから抜擢できそうな人材がいないか情報を集める。部下とのミーティングや報告会なども活用しよう。また人事部にも依頼する。

相手の人格を尊重する

人を動かす過程では、どんな相手にも敬意を以て接したい。たとえ全員が「あいつはクビにすべきだ」と思っている人物だとしても、「不当な扱いを受けた」と思われるのはまったく好ましくない。できる限り客観的に評価するよう努めたこと、適した仕事をみつけてほしいと願っていることが相手に伝わるよう、できるだけのことをしよう。人事は難しいものである。これを誠実にやれるかどうかで、あなたに対する評価は大きく変わる。

報奨制度・測定基準を定める

適材を適所につけることは必要条件だが、十分条件ではない。業績目標をクリアし緒戦で勝利を収めるためには、部下一人ひとりが最高の能力を発揮できる環境を整えなければならない。役割分担に応じて大きな目標を分割し、それぞれに責任を持たせる。そしてすすんで目標を目指し、責任を果たすようにもっていく。そのために必要なのが、目標に即したインセンティブであり、明快な測定基準である。

報奨制度をデザインする

部下をやる気にさせ目標達成へと向かわせるには、プッシュ型とプル型の手段を組み合わせると効果的である(図7-2)。プッシュ型の手段には、報酬、実績評価、年間予算などがある。権威を誇示する、忠誠心を引き出す、恐怖心をあおる、期待を持たせる、などもプッシュ型と言える。プル型の手段には、説得力のあるビジョン、仲間意識、チームワークなどがある。

図7-2 プッシュとプルで部下にやる気を起こさせる

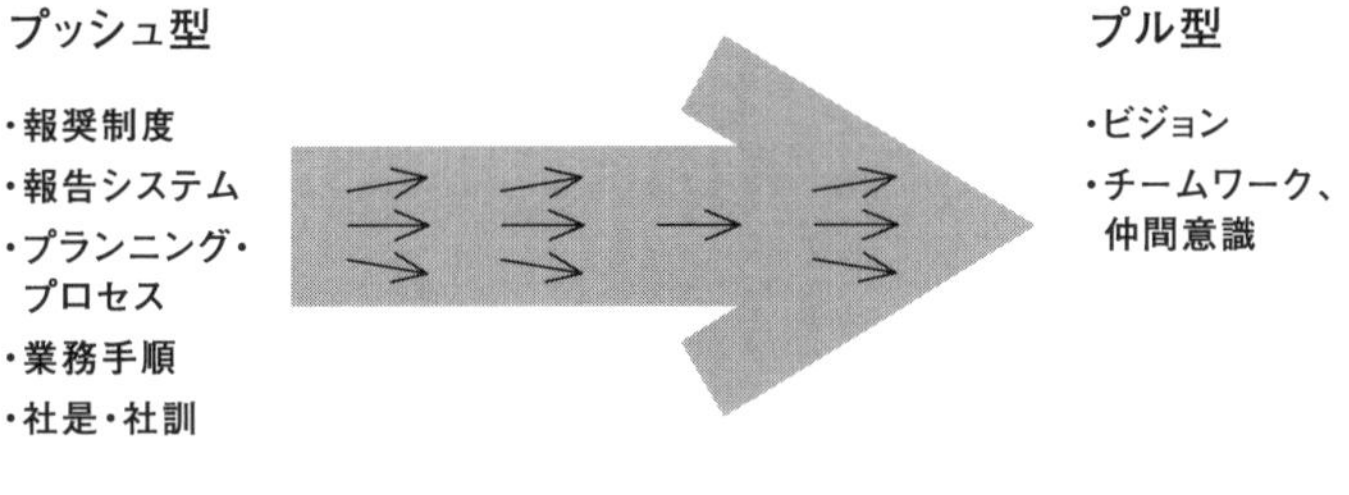

部下に対する評価に従って、どれをどう組み合わせるかを決める。たとえばエネルギッシュでやる気満々の部下なら、輝かしいビジョンに熱狂的に反応してくれるだろう。几帳面で慎重な部下なら、報奨で釣るのも一法かも知れない。

報奨制度をデザインするに当たっては、いくつか注意したい点がある。まずは、金銭で報いるのかそれ以外で報いるのか。

もう一つ、個人に報いるのか集団に報いるのかも大切なポイントである。あなたにとって必要なのは、個人技なのか、チームプレーなのか。ここをよく考えなければいけない。単独で動くような仕事であって、個人成績の積み重ねが集団の成績になるのなら、チームワークをやかましく言う必要はない。個人に手厚く報いる報奨制度を設計すべきである。逆に全員の協力が不可欠で、お互いに専門知識を補い合うような仕事なら、和が大切になる。この場合は集団としての目標を定め、それに見合ったインセンティブを設定する必要がある。

しかしどちらか片方という場合は少なく、たいていは両方を組み合わせた報奨制度が妥当になるだろう。どちらに比重を置くかは、仕事の性質によって決める（コラム「インセンティブの方程式」参照）。

報奨制度をデザインするのは難しいが、目標と矛盾するような制度は絶対につくってはいけない。部下が自分の役割をわきまえ、責任をもって行動できるような制度が理想である。チームプレーが望ましいのに個人プレーに走られては困るし、その逆ももちろん好ましくない。

●インセンティブの方程式

部下にやる気を起こさせ目標に向かわせるにはどうしたらいいか――悩んだときは、インセンティブの方程式を参考にしてほしい。

方程式A

［報奨の合計＝金銭以外の報奨＋金銭的報奨］

昇進や表彰など金銭以外の報奨を与える余地はどれほどあるか、部下は金銭以外の報奨をどの程度喜ぶか。このあたりを勘案して報奨のバランスを決める。

方程式B

［金銭的報奨＝固定的な報酬＋実績に基づく報酬］

業績貢献度をどの程度客観的に測定できるか、成果が上がった時点と報酬を出す時点とのタイムラグはどの程度か。この点を考慮して報酬を計算する。測定が難しかったり、タイムラグが大きいようなら、固定的な報酬を中心に考える。

方程式C

［実績に基づく報酬＝個人に対する報酬＋集団に対する報酬］

業績貢献度を勘案してバランスを決める。営業部門のように個人への依存度が高ければ、個人に厚く報いる。新製品開発チームのようにチームワークがものを言う場合には、集団の実績に厚く報いる。集団にはチーム、事業部、会社など複数のレベルがある点に注意したい。

実績測定基準を決める

明快でわかりやすい基準を作ってそれを厳守することは、部下に責任ある行動を促す最善の手段である。成果をいつどのように測定するかを決め、全員に周知徹底する。

基準は曖昧ではいけない。たとえば「売上げを伸ばす」とか「製品開発期間を短縮する」などは失格である。「これこれの製品の売上げを年末までに一五％増やす」とか「Yシリーズの製品の開発期間を、今後二年以内に、現在の一二カ月から六カ月に短縮する」のように具体的に目標を定め、それに基づいて実績を測定する。

職場のプロセスを改善する

目標が定まり、そのためのインセンティブも設定された。さあ、新しい部下たちに力を発揮してもらうときである。協力して効率よく仕事をするためにはどんな手続きや手順が望ましいだろうか。職場によって会議の進め方、決定の下し方、意見対立の解決方法、責任分担の仕方は驚くほど違う。きっとあなたにもこだわりのやり方があるだろう。だが急ぎすぎてはいけない。まずは従来のやり方に慣れ、それで万事うまく処理できているのか観察することだ。そうしているうちに、残したいもの、変えたいものがおのずとわかってくるだろう。

従来のやり方を観察する

引き継いだ職場独特の仕事の進め方を手っ取り早く理解するには、部下やサポートスタッフから教えてもらうのがいちばんである。前任者や新しい上司とも話せれば、なおよい。この機に各自の役割や主な手順を総復習しておこう。会議の議事録、報告書の類に目を通すのも有効である。次のチェックリストで確認するとよい。

各自の役割――あなたの前任者に最も影響力を行使していたのは誰か。いつも反対意見を言いたがるのは誰か。創意工夫に富んでいるのは誰か。何事もはっきりさせないと気が済まないのは誰か。皆が意見を尊重するのは誰か。争いが起きたときの仲裁役になるのは誰か。尻馬に乗り火に油を注ぐのは誰か。

ミーティング——ミーティングはどの程度の頻度で行っているか。出席者は誰か。議事や進行のお膳立てをするのは誰か。

意思決定——どんな種類の決定を誰が下すのか。決定を下すときに皆が相談する相手は誰か。いつも受け身なのは誰か。

リーダーシップ——あなたの前任者はどんなスタイルのリーダーだったか。前任者はどんなふうに学び、コミュニケーションをとり、決断を下していたか。どんなところがあなたと違うか。もし大幅に違う場合、それは職場に何か悪影響を及ぼすか。何か手を打つべきか。

たとえば、会議

これまでのやり方を知り、どれはうまく機能してどれはうまくないかがわかったら、いよいよあなたが必要と考える改革に着手する。たとえば会議のやり方を改める必要があるとしよう（実際、会議にはどこも問題が多いようだ）。こんなときは、どんな点を改善したいのか、まず書き出してみる。会議の回数は週何回にするか。参加者は誰にするか。議題はどうやって決め、どのように通知するか。わかりやすくて効率的な新しいプロセスが示されれば、職場の連帯意識は高まり、いい結果につながるだろう。

もう一つ、改革の意志をはっきり伝えやすい問題として、参加者の問題がある。職場によっては招集対象が多すぎて烏合の衆になっているところがある。こんなときは早急に出席者を絞り込み、議事進行の合理化を図らなければならない。だらだらと時間を無駄にせず会議の効率化を目指すというメッセージをはっきりと送る必要がある。逆に当然参加すべき人が外されてしまい、重要な情報が届かず貴重な意見が聞けないケースもある。こんなときはすぐに出席者の枠を拡げ、えこひいきをしたり誰かの意見を過大に重んじるつもりはないというメッセージを伝えよう。

たとえば、意思決定プロセス

意思決定プロセスも、改善の余地が多い。このプロセスをうまく切り回せるリーダーはあまりいないのではないだろうか。決定事項にはいくつもの種類があるにもかかわらず、たいていの人はたった一つのプロセスで対応しようとすることがその一因である。自分のスタイルにこだわりがあったり、常に同じプロセスでないと部下が混乱すると思い込んでいるからだ。

同僚のエミー・エドモンソン、マイク・ロベルトと共同で行った研究によると、こうした思い込みは間違っている(原注1)。大事なのは、これこれの事項にはこれこれの意思決定プロセスを適用するという約束事を決め、全員にそれを伝えることである。

ものごとを決めるやり方は、言うまでもなくたくさんある。図7-3に示すとおり、リーダーが決めて一方的に通告する〈独断〉から全員の同意を得る〈全会一致〉までさまざまだ。〈独断〉の場合、リーダーは個人的に誰かに相談することはあっても、基本的には一人で決めて全員に通告する。このやり方には重要な情報を見落としたり貴重な意見を聞き損なう恐れがあり、またいざ実行するに当たって部下の協力が得られにくいという欠点がある。

逆に〈全会一致〉の場合には、大勢の同意を取り付けなければならないので、焦点がぼやける恐れがある。話し合いが堂々巡りしていつまでたっても結論に到達しない可能性もあるし、ようやく決まっても、最大公約数的な妥協の産物であることが多い。あるいは枝葉末節にこだわりすぎ、本当に重要な問題が放置されることもある。

とは言え、この両極端に偏ることはそう多く

図7-3 意思決定プロセス

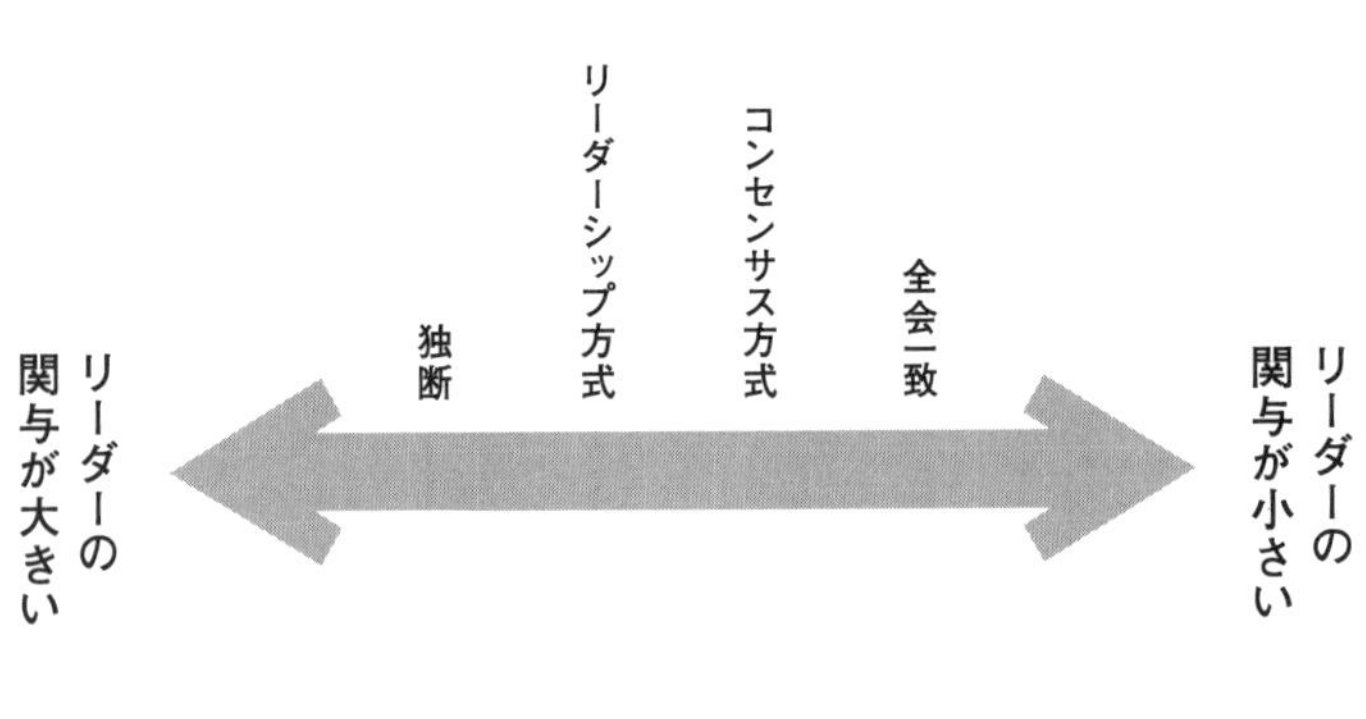

ない。たいていのリーダーは、その中間のやり方で決定を下す。部下から報告を受け意見を聞くが、最終決定は自分で下すのが、〈リーダーシップ方式〉である。この場合、リーダーは情報収集・分析プロセスと評価・決定プロセスを分け、前者にのみ部下を関与させている。

もう一つの〈コンセンサス方式〉では、リーダーは情報収集・分析だけでなく、決定にもある程度の参加を部下に求める。ただし全員の同意にはこだわらず、まずまず妥当と考えられるコンセンサスが得られれば、それでよしとする。妥当とは、大多数あるいは主力グループが同意し、かつ、それ以外の人たちもそこそこ納得し実行に協力する状態を指す。

さてそれでは、どの場面でどの方法を選んだらいいだろうか。「時間がない」ことを理由に報告だけ聞いて自分で決めるリーダーがもしいたら、それはまったく好ましくない。たしかにこのやり方だと短時間で結論を出せるかも知れないが、好ましい結論に到達できるとは限らないからだ。結局は全員に納得させるのにむやみに時間がかかったり、あるいはいざ実行に移す段になって誰もやる気をみせず、無理に尻を叩かなければならないかも知れない。〈行動強迫症〉のリーダーはこうした過ちを犯しやすいので要注意である。焦ってケリを付けようとすれば、最終目標そのものを台無しにしかねない。

意思決定プロセスをどのように使い分ければよいか、おおまかなルールを以下に掲げておこう。

・黒白がはっきりつく決定、つまりその決定で有利になる人と不利になる人がはっきり分かれるような場合には〈リーダーシップ方式〉を選び、リーダーは火中の栗を拾う覚悟を決める。コンセンサスを得ようとしても所詮うまくいかないし、全員の怒りを買うだけだ。言い換えると、何か痛みを分かち合うような決定はリーダーが下すのがベストである。

・実行するときに全員の熱意と協力が必要であって、しかもあなたに部下の実力や適性がよくわかっていない場合には、〈コンセンサス方式〉が望ましい。〈リーダーシップ方式〉の方が結論は早く出るが、望ましい結果にはまずならないと心得よう。

・あまり経験のない未熟な部下を率いる立場のときは、〈リーダーシップ方式〉がふさわしい。皆の実力がわかり、能力開発が進んできたら〈コンセンサス方式〉に移行する。始めからこちらを選ぶとあなた自身がイライラし、結局は決定を押しつけることになりやすい。そうなると、快い協力は得にくくなる。

・権威を確立する必要がある場合（たとえば昇進によってこれまでの同僚を管理する立場になった場合）には、少なくとも当面の重要案件に関しては、〈リーダーシップ方式〉が望ましい。自分の立場に慣れてくれば、自信を持って〈コンセンサス方式〉を採り入れられるだろう。

意思決定プロセスの選択は、〈四つの状況〉のどれに直面しているかによっても違ってくる。〈離陸〉と〈方向転換〉の場面では、〈リーダーシップ方式〉がうまくいくことが多い。問題の多くが文化や人間関係よりも市場、製品、技術など具体的なものだからである。それにこうした場面では、部下は上司に強い指導力を望む。しかし〈針路修正〉や〈高度維持〉の場面では、実績があり能力の高い集団が相手なので、文化や人間関係の問題が多くなる。このような問題は、〈コンセンサス方式〉で解決を目指すことがいい結果につながる。

意思決定プロセスを選ぶときは、自分の好みを優先させてはいけない。あなたはもしかすると、最後は自分で決断を下したいタイプかも知れないし、気長にコンセンサスを醸成していくのが好きかも知れない。いずれにしても、自分の好みにこだわってはいけない。「自分で決める方が早い」と思っても、場合によっては根回しに努めよう。あるいは「できるだけみんなの同意を取り付けたい」と感じても、状況によっては腹を括らなければいけない。

混乱を避けるためには、今回はどの意思決定プロセスを選ぶのか、それはなぜかを部下に説明しておく。だがもっと大切なのは、フェアであることだ(原注2)。たとえ最終決定とは反対の立場の部下がいても、自分たちの考えや利益が十分考慮されたと感じ、かつ意を尽くした説明を与えられたと思えれば、従ってくれるものである。先に結論を決めておいて見せかけのコンセンサスを取り付けるなどは論外だ。そんな姑息な手段では部下は欺けない。皆やる気を失い、いざ実行となったときにしっぺ返しをするだろう。それぐらいなら、始めから「最後は私が決める」と宣言しておく方がはるかにましである。

なお、〈リーダーシップ方式〉から〈コンセンサス方式〉へ移行するとよいケースもある。たとえば部下の考え方や利害関係がよくわかってきたときなどがそうだ。実行時の協力が重要であると判明したとき、皆の意見の一致がみられそうなときなども、これに該当する。逆に対立が先鋭化してきたら、〈コンセンサス方式〉から〈リーダーシップ方式〉に切り替える方がいい。

まとめ

ブレークイーブン・ポイントに到達するときは、自分が率いるチームなり部門なりを最高の人材で固めているときである。そうなったとき、あなたが注ぎ込むエネルギーよりも部下が生み出すエネルギーの方が大きくなる。だがそこに到達するまでには時間が必要だ。エンジンをかけて走り出す前に、まずバッテリーを充電しよう。

チェックリスト

1　部下の実績評価基準は設定したか。彼らは基準に達しているか。
2　異動あるいは解雇すべき部下はいるか。すぐそうすべきか、時間的な余裕はあるか。さしあたってはどうすべきか。解雇以外によい解決策はないか。
3　人事改革はどのような手順で進めたらいいか。対象となる部下の人格を尊重しているか。

4　プロセスを改善するにあたって、どんなサポートが必要か。協力してくれそうな人はいるか。

5　既存の報奨制度や実績測定基準に不備はないか。健全な競争や協力を促すような適切なインセンティブが設定されているか。

6　新しい職場の業務プロセスに問題はないか。役割分担や会議はうまくいっているか。意思決定プロセスに携わる人数は適切か。

7　意思決定プロセスをどう改善するか。いま抱えている問題では、リーダーシップ方式、コンセンサス方式のどちらが適切か。

第八章 ネットワークをつくる

第八章で紹介するのは、ジャック・デイリー。医療機器メーカーで働いており、英国担当マネジャーを五年間務めた後、整形外科用品事業部のグローバル・マーケティング担当部長に昇格した。事業部は新製品を開発し、それを国別の営業グループに「販売」する。あとの売り込みは各営業グループに任せるという仕組みだった。

五年の経験を積んだジャックは、営業にかけてはベテランである。各国担当のマネジャーは製造物責任を負い、どの製品を売り込むかの決定権を握る。言わば一国一城の主であって、担当する国での営業活動はマネジャーの手にすべて委ねられ、絶大な権力と発言権を持つ。したがってどうかすると傲慢になりやすく、部下をこき使ったり怒鳴ったりするともっぱらの評判だった。

ところがジャックはいきなり正反対の立場に立たされてしまったのである。グローバル・マーケティングの責任者として、自分が担当する製品を売り込んでほしいとかつての同僚を口説かなければならない。押しの一手で臨んだミーティングがことごとく失敗に終わった後で、ジャックは方針を変えた。担当する製品にとって有望そうな市場を数カ国選び、そこの担当マネジャーと個別に面談。製品のメリットをていねいに説明したうえで、営業マンのトレーニング費用は事業部で負担しようと持ちかけた。それ以上はしつこくプッシュせずに待っていると、数カ国が名乗りを上げる。製品は順調に売れ始め、他の国でも急速に受け入れられるようになった。最初はジャックの要求をはねつけたマネジャーですら、熱心に販促をかけてくれるようになったのである。

ジャックが成功したのは、強権を発動して押しつけがましく要求してもうまくいかないことに気づいたからだ。彼の立場で必要なのは、権限を振り回さずに影響力を行使するテクニックだった。自分の命令指揮系統、すなわち自分のラインから外れている人の協力が必要なときは、共感を得ることが成功のカギである。またたとえ権限があるとしても、それだけでは物事はうまくいかない。インフォーマルな結びつき、友人や同僚のネットワークがモノを言う。そうした「共感のネットワーク」をつくりあげられるかどうかは、あなたの腕次第。大切なのは「ネットワーク戦略」である。誰を呼び込めばいいのか。賛同してくれる人、邪魔立てする人を見分け、態度を保留している人たちを味方につける。まずはいまの人間関係がどうなっているのか、理解し分析するところから始めよう。これはぜひとも〈九〇日プラン〉のなかに組み込んでほしい。

ネットワーク・マップを描く

新任リーダーはとかく上下関係――上司と部下――にばかり気が行って、横の関係、とくに同僚や社外の〈サポーター〉とのつながりをおろそかにしがちである。これは無理もない過ちとじて発揮されるからだ。

も言える。上司と部下からの評価はたいへん重要だし、よくも悪くもあなたの影響力は彼らを通じて発揮されるからだ。

だが遅かれ早かれ、命令指揮系統の外からの助けを必要とするときが来る。それは必ずしも社内には限らないし、またその時期は意外に早いかも知れない。あなたは、自分の仕事に必要な専門知識を備えた人や豊富な人脈を持つ人と親しいだろうか。もしかしたら何の付き合いも貸し借りもなく、それどころか面識さえないかも知れない。もしそうなら、新しいネットワークづくりに着手しよう。それも、急いだ方がいい。差し迫って必要になってから初対面の人に助力を求めるのは賢いやり方ではない——夜中に家が火事になってから隣家の人に自己紹介するのはいかにもまずい。先を見越してネットワークづくりに投資しておこう。

いまの自分の人脈を再検討し、新しい仕事で頼れそうな人、手を差しのべてくれそうな人は誰かも考えておきたい。

キーパーソンを探す

新しい職場、新しい事業でカギを握る人物は誰だろうか。着任後だんだんに周囲の事情がわかるにつれて、キーパーソンはおのずとみえてくるものだ。とは言え「キーパーソン探し」をスムーズに進めるには、いくつかコツがある。一つは、自分の部署の外にも目を向けることである。顧客やサプライヤーのなかには、きっとあなたに力を貸してくれる人がいる。

もう一つは上司の力を借りることだ。知り合っておくといい人を一〇人ぐらい推薦してもらい、できれば紹介してもらおう。直属の部下にもこれをやってあげるといい。「力になってくれる人」リストをつくり、紹介の労をとるなどのお膳立てをする。

このほか、インフォーマルなネットワーク、つまり正規の組織図には載らない、いわゆる「影の組織」を知っておくことも大切だ(原注1)。どんな会社にもそうしたインフォーマルなネットワークが存在し、新しい流れをつくったり堰き止めたりする。組織のなかでは、正式な権限を持つ人の意見がつねに尊重されるとは限らない。ある場合には誰かの意見が尊重され、別の問題では別の誰かの意見が重んじられるという具合にして、インフォーマルな人間関係が形成されていく。

さて〈サポーター・ネットワーク〉を築くときは、まず最初のステップとして、誰が誰の意見に耳を傾けるのか、影の実力者はどこにいるのかを突き止める必要がある。そのためにはミーティングの席上でのやりとりや、ふだんの会話によく注意しよう。困ったことが起きたとき皆が相談しに行く相手は誰だろうか。誰は誰にアドバイスをもらいに行くか。誰と誰は情報を教え合っているか。仕切るのは誰か、同僚のために一肌脱いでやるのは誰か、誰は誰をえこひいきしているか。

また誰かが重んじられているとしたら、それはなぜなのかも分析しよう。会社組織では、次のものがパワーの源泉になる。

・専門知識・能力
・情報収集力
・地位
・予算や報酬の決定権
・人望

第二章で紹介した学習方法を活用して、誰がパワーを持っているか、その力関係はどうなっているか、調べよう。元社員や以前あなたの職場にいた人などからも話を聞くとよい。昔のことに詳しい人も、貴重な情報を持っている。

いろいろ調べていくうちに、オピニオン・リーダーと呼ばれる人に行き当たるかも知れない。地位、専門知識、あるいは人柄などが重んじられ、大きな影響力を持つ人物である。こうした人の理解が得られ熱心な支持を取り付けることができれば、あなたの仕事はずっとやりやすくなるだろう。逆にオピニオン・リーダーにへそを曲げられたら、抵抗勢力の力が一気に強まってしまう。

オピニオン・リーダーのほかに、おそらく隠然たる勢力を誇る「影の軍団」も存在するだろう。自分たちの目的や特権を守るために陰に陽に協力し合うグループである。こうしたグループがあなたを支持してくれれば大いに心強いが、叛旗を翻すようなら、グループの解体など断固たる処置をとらなければならない。

ネットワーク・マップを描く

個人の結びつきや力関係は、図解するとわかりやすい。図8-1はある架空の組織で、ポールは社長、トッドはマーケティング担当副社長でポールの長年の友人。ネイサンは営業担当副社長、サラは研究開発担当副社長である。この図は、新しく経理担当者になったダナが描いた。

矢印の方向は誰が誰に影響力を及ぼすかを示し、矢印の太さは影響力の強さを表す。矢印が両向きの場合は、問題によって影響を与える側が逆転することを意味する。たとえばマーケティング予算に関してはポールがトッドに指示を出すが、新人の採用に関してはトッドがポールに意見する、という具合である。

図8-1 ネットワーク・マップ

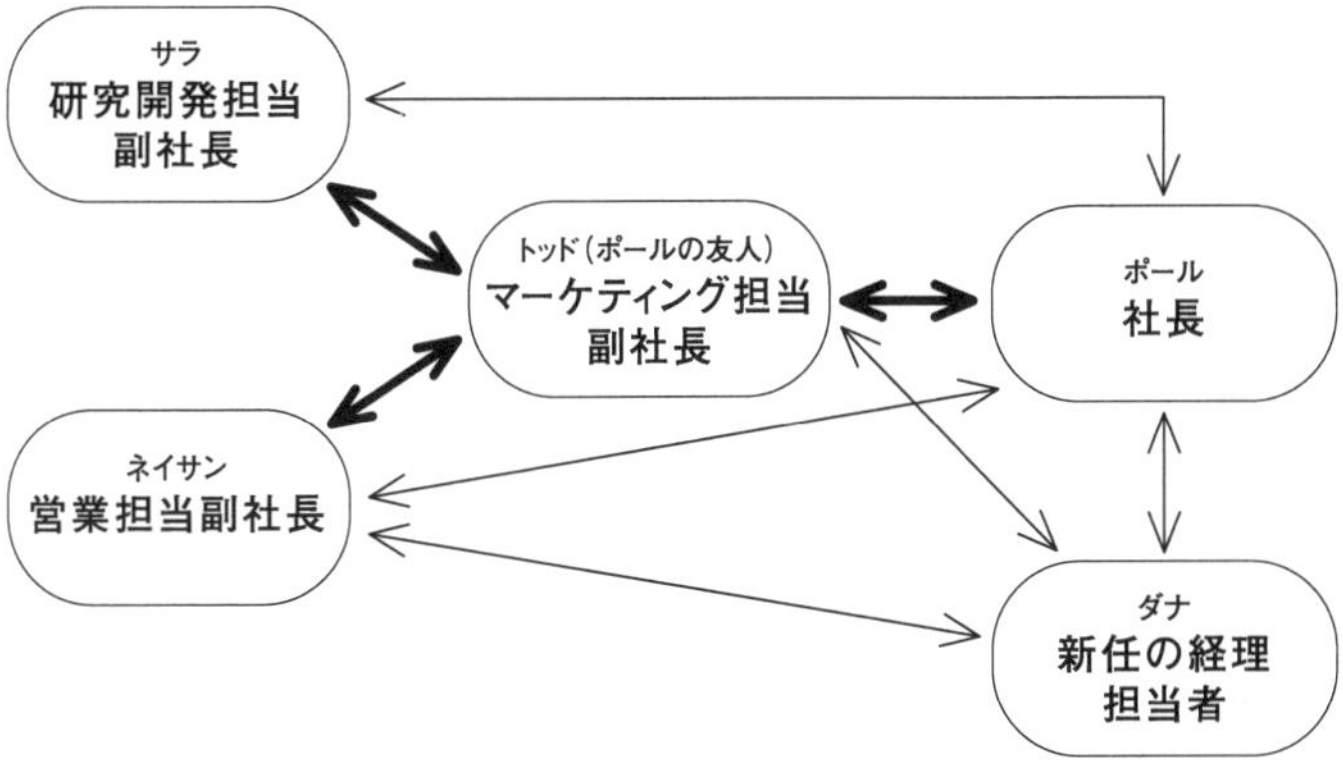

敵味方を見分ける

ネットワーク・マップを作成すると、好意的な人と敵対的な人、そしてどちらにも属さない人を識別することができる。いまのところどっちつかずの立場の人たちは、うまくすれば味方に引き入れることが可能だ。

あなたを尊敬している人、共感を抱いている人は、たとえばあなたが改革を進めるとき、きっと熱心に支持してくれるだろう。また、自分にとって得になると計算ずくの人も賛成派に回ると見込める。サポーター予備軍は、次のような人たちである。

・考え方が似ている人。もしあなたが抜本的な改革をしたいなら、以前に改革に参画したことのある人を探すとよい。

・身近な小さい改革を黙って実行するタイプの人。たとえば無駄をなくす方法を考案して不言実行するような人は、潜在的な改革支持派である。

・外部から来たばかりで、職場のやり方にまだ染まっていない人。

どういう理由で支持してくれるにせよ、「釣った魚に餌をやる」ことが大切である。サポーター予備軍にはあなたの考えをよく説明し、お互いに理解を深め、連帯を強めよう。

さて敵対的な人のなかには、あなたのやることなすことがすべて気に入らない人と、確たる理由があって反対する人とがいる。反対の理由としては次のものが考えられる。

・現状が心地よく、いまの地位や人間関係を脅かす改革にはすべて抵抗する。
・改革にうまく順応できなかったとき、自分の無能力が明らかになるのが怖い。
・古い価値観を根こそぎ拒絶するような新しい文化をあなたが持ち込むと思い込み、反発する。
・改革で自分の権限が狭まると恐れる（たとえばチームの問題はリーダーが決めるのではなく話し合いで決める、など）。
・改革によって、自分が取り巻きや後輩・部下を失うと恐れる。

抵抗に遭ったら、歩み寄りは不可能と決めつける前に、反対する理由をまず突き止めよう。それがわかれば理論武装して臨むことができ、上手に説得できれば、味方に引き入れることもできる。たとえば無能力の露見を恐れる人には能力開発プログラムを用意する、という具合に。とは言え頑強な抵抗勢力を説得しようとして貴重な時間を際限なく注ぎ込むには及ばない。

敵でも味方でもない人たちは選挙で言えば「浮動票」であり、あなたの方針に対する賛成・反対を決めかねている。こうした人たちがどんな点にこだわっているのかがわかれば、必ず説得できる。まずは彼らの関心の対象やモチベーションの源泉を知ろう。地位か、報酬の安定性か。それとも雇用の確保、昇進のチャンス、あるいはやり甲斐のある仕事だろうか。十分に時間をかけ、それぞれの立場になって考えてみよう。直接話す機会があれば、ひたすら聞き役に回り、いまの状況をどう思っているか意見を聞く。相手の同僚や知人など搦め手から情報を収集することも大切だ。つてがない場合には、自分で人脈を開拓しよう。

同時に、下手に動いて中立派を敵に回してしまわないよう気をつけたい。利害が一致するとわかれば味方についてくれるかも知れないが、いまの地位を失いかねないと思えば敵に回るかも知れない。利害関係を知るために、職場の勢力図や過去のいきさつなども把握しておこう。また組織内での人間関係、毎日のやりとりによく目を凝らすことも忘れずに。

改革の支持者を増やす

ネットワーク・マップを描いておおよその敵味方がわかったら、次は反対しそうな人を説得しよう。新人リーダーが相手の研修では、私はよくシンプルな思考実験から始める。「皆さんはきっとまじめで分別のある優秀なマネジャーだと思います。しかしこれから私は、皆さんがひどく当惑するようなばかげたことをやらせたい。たとえばソーラン節を歌いながら片足ケンケンをする、といったことです。さあ、私はどうやって皆さんを説得するでしょうか」。

アメとムチを使い分ける

相手に影響力を行使する方法は、大きく分けて二通りある——アメとムチだ。アメもムチも人に何かさせる誘因になる。また、そのことをするとどうなるか、しないとどうなるかを考えさせる手段にもなる。難しく言えば、アメとムチは選択肢に対する認識を形成するということになる。

たとえば改革を提案するとしよう。アメもムチも存在しないときは、〈現状維持〉か〈改革推進〉という二つの選択肢があると考えられる(図8-2)。リーダー研修の例で言えば、現状維持は椅子に座ったままでいること、改革推進は立ち上がってソーラン節を歌いながらケンケンをすることだ。こんな選択肢を突きつけられたら、たいていの人は現状維持を選ぶだろう。改革の

図8-2 選択肢の認識—アメもムチもないとき

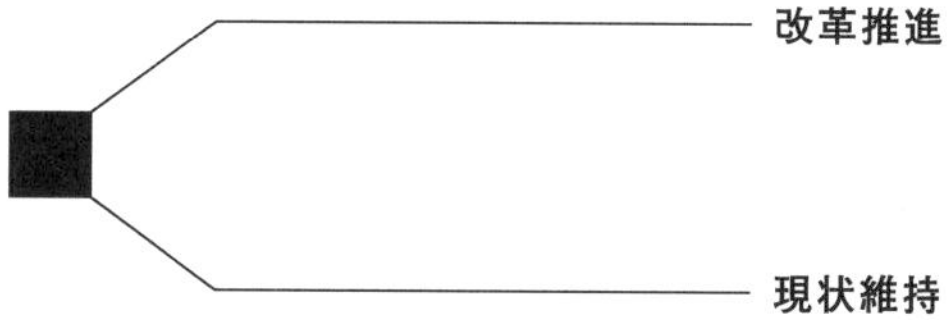

場合も同じである。居心地のよい現状を捨ててまで不快な改革に手を貸してくれる人がいるだろうか。

そこで今度は、ケンケンをしてくれる人にはいくばくかのお金を払うことにする。少々不快なことを我慢してもらう対価を払うわけだ。十分な対価であれば、ケンケンの魅力はかなり高まるだろう。

同じことが組織改革にも当てはまる。改革で損をしそうな人に、もっと気持ちよく受け入れたくなるような「ご褒美」を出してあげるのだ。もちろん、あなたに用意できるご褒美は限られている。たとえば相手の犠牲が大きすぎるときは手も足も出ないかも知れない。それでも、何かこちらから提供できるものはないか、何か埋め合わせはできないか（たとえば交換条件として相手が抱えている困難な仕事を手助けする、など）、考えてみる価値は大いにある。

さて今度は、お金を払う代わりに、ケンケンをしないと足をへし折ってしまうぞと脅す。そしてこの脅しが口先だけでないことの証拠として、ドアに鍵をかけ、手に鉄パイプを持った凶悪そうな人物を登場させたとしよう。こうすると、選択肢に対する認識が違ってくる。お金を払うときは「ケンケン（＝改革推進）」の魅力が高まるが、足をへし折るときは「座ったまま（＝現状維持）」の犠牲が大きくなる。もはや座ったままでいるという選択肢は選べないだろう。組織改革も同じである。現状維持を選択肢から除外せざるを得ないような条件をつくるのだ。たとえば「どんなに反対しても改革は必ず実行する」と明言すれば、選択肢は図8-3のように変わる。

説得力のある根拠をみつける

リーダー研修の参加者のなかには、必ず次のように言う人がいる――「アメもムチもじつに不愉快だ。ケンケンをしてくれとただ頼めばいいじゃないか」。それに対する答はこうだ。ソーラン節を歌いながらケンケンをするもっともな理由がない場合、相手が従ってくれる保証はない。したがって相手がいやがることを無理に頼むときには、やってもらう確率を高めなければならない――いやなことでもしたくなるような説得力のある理由、あるいは、やらないと不利になると信じ込ませる理由が必要である。

リーダー研修の例で言うと、講師の言うとおりにすればリーダーシップ能力が高まると説得する方法が一つ考えられる。講師としての私の経験や知識を参加者が信じ、その気になってく

図8-3 選択肢の認識―改革は必ず実行されるという条件のとき

れれば、お願いするだけでアメもムチもなくてもケンケンをしてくれるかも知れない。この場合、教育的効果（＝納得できる理由）と私の経験や専門知識（＝バックグラウンド・データ）が説得力のある根拠として機能したと言える。

このように、説得力のある根拠は論理とデータに基づいている。また価値観や感情に基づくこともあるし、両者の組み合わせという場合もある。論理に基づく根拠は、説得する相手の現実的な利害に訴えかける。これに対して価値観に基づく根拠は感情に訴えかけ、反射的な反応を呼び起こす。たとえば戦時であれば、強い愛国心をかき立てることが可能である。犠牲を進んで受け入れる根強い価値観はほかにもたくさんある。その主なものを表8－1にまとめた。

行動に駆り立てる状況を演出する

表8-1 基本的な価値観に訴える

基本的な価値観	職場では…
忠誠	・真剣に理想の実現を目指す ・理想を実現するためには犠牲をいとわない
献身	・顧客や取引先に尽くす ・よりよい会社、社会、世界のために貢献する
人間の尊厳	・搾取や差別の撤廃を訴え、倫理や平等を重んじる ・能力発揮の機会をわけへだてなく提供する
誠実	・法律の条文や精神を尊重する ・約束を守り嘘をつかない ・あらゆる場面で公正を貫く

そもそも、人に何かをするよう仕向けるのはそう簡単ではない。貴重な時間や労力を割かねばならない厄介なことだと、たいていの人は決心がつかず、ぐずぐずし、二の足を踏むだろう。まして大勢の人の協力が必要ともなれば、一人が後込みするだけでほかの人にも協力を断る恰好の理由ができ、あっと言う間に雪崩現象が起きかねない。したがって、まずは「行動しない」あるいは「行動を先送りする」などの選択肢を排除することが肝心である。

そのための一つの方法が、行動せざるを得ない状況を作り出すことだ。きっちりスケジュールを組み、適切な中間目標を設定する。タイミングよくミーティングを開き、進捗状況のチェックや反省点を話し合い、期限を確認して、集中力が途切れないように注意する。中間報告会を実施し、進行が遅れている場合には理由説明を求め、心理的プレッシャーをかける、といった具合である。

ただし、キーパーソンがあなたの味方だと確信が持てるまでは、あまり厳しい期限で急き立てるのは考えものだ。下手をすると敵に回す結果になりかねない。ここでもまた組織内での人間関係に注意し、対話を欠かさないよう努め、毎日の小さなやりとりに耳を澄ませることが大切である。

誘導作戦を展開する

アメとムチを用意し、説得力のある根拠を示し、行動せざるを得ない状況を作り出す——これらは、どちらかと言えば静的な説得術である。相手の顔色や様子をみながら押したり引いたりし、望みの行動を引き出すやり方だ。

だがこうしたやり方では、いまの居心地のよい現状から痛みを伴う改革へ向かわせるのが不可能なケースもあるだろう。あるいはまた、用意すべき「アメ」が高くつきすぎる場合もあるかも知れない。そんなときはどうしたらいいだろうか。

一つの方法は、いきなり大転換を促すのではなく、一歩ずつ誘導する作戦である。リーダー研修の例で言えば、「まず立って下さい」「それでは片足を上げてみましょう」という具合に進める。

言い換えればまずは小幅な協力を引き出し、次第に全面的な関与を求めていくやり方である。たとえば新しいプロジェクトをスタートさせるなら、とりあえず最初の説明会に参加を呼びかける。次に現状分析の一部を担当してもらう、という風にするといいだろう。こうして徐々に進めていけば、次の一歩を踏み出す心理的なとっかかりができる。後戻りできないような仕掛けができればもっといい。たとえば大勢の前で改革への支持を表明するとか、報告発表をしてもらうなどすると効果的である。

これと似たやり方だが、改革に対する抵抗感をなくす方法として、問題解決と同じ段階的なアプローチも効果的である。たとえば最初の仕事として、競合企業との比較データの収集を分担してもらう。担当した仕事に本腰を入れて取り組んでいるか、あなたはじっと見守ろう。ここでのポイントは、データを収集する過程で、自社に問題があること、その問題は放置してはおけないと気づかせることだ。

データが集まったら実態を把握し、どんな点が問題か話し合う。たとえば競合に後れをとったのはなぜか。必要に応じてプロセス分析などの手法を使い、根本原因を追及しよう。次に、問題を解決するにはどうしたらいいか案を出す。いくつもの案が出たら、どれがよい解決策かを判断する基準を決める。

最後に、決まった基準に従って評価を下す。どの案が妥当か。どう手直しすれば抵抗感がなくなるか。検討を重ねるうちに、最初は拒絶されていた対策も次第に受け入れられるようになっていくだろう。

このほか、行動を変えて思考を変えさせる作戦も有効である。順序が逆だと思えるかも知れないが、実は思考と行動は表裏一体の関係にある。根拠やビジョンを示して考え方を変え、次に行動を変え、最終的に組織文化を変えるのは相当に時間がかかる。ところがおもしろいことに、先に行動を変えさせることができれば、考え方も次第に変わるものなのだ。人間は行動と思考を一致させたがるものだからである。だから、まずは測定基準や報奨制度を修正して行動を変えてしまう。行動が変われば、思考はあとからついてくる。

ドミノ現象を起こす

自分のやっていることは間違ってはいないだろうか――人はつねに周囲の目を気にする。そして専門知識のある人や地位の高い人などの意見を聞きたがり、喜んでそれに従うものだ。こうしてできあがる社会的なネットワーク、すなわちインフォーマルなネットワークは、新任リーダーであるあなたの前に巨大な障壁となって立ちはだかることもあれば、強力な味方になってくれることもある。

リーダー研修の例で考えてみよう。受講者のなかで一目置かれている人が、「ケンケンでソーラン節なんてばかばかしい。私はぜったいにやらない」と言い出したら、ほかの人はまず間違いなく誰もやらないだろう。だがもしこの人が「おもしろそうだ、みんなやろう」と言えば、全員が立ち上がるに違いない。こんなときやる気のない様子をみせようものなら、周囲から相当白い目でみられてしまう。

そこで研修の前に用意周到に調査を行い、誰がキーパーソンか調べ上げておくとする。さらにその人物とあらかじめ打ち合わせ、協力してもらう約束を取り付けておく。こうしておけば、全員がケンケンをしてくれる確率はかなり高まる。

要はインフォーマルな人間関係を熟知し、ずば抜けて影響力の強い人物を利用して、ジム・セベニウス言うところの「ドミノ現象」を起こすことである(原注2)。潜在的なサポーターのうち誰に最初にアプローチするかは非常に重要であり、ネットワーク作りに決定的な影響を及ぼす。最初の一人を味方にできれば、次の人を味方にできる確率は高まり、またその次を……という具合に支持者は雪だるま式に増えるからだ。そして支持者が多ければ多いほど改革やプロジェクトの成功率が高まるのは言うまでもない。そうなれば、ますます支持者は増えるだろう。

最初に声をかける人物を間違えなければ、好循環を引き起こすことができる（図8-4）。だから、始めに誰にアプローチするか、どう話を進めるか、さまざまな角度から検討しよう。どんな人物が好ましいか、次の基準で選ぶとよい。

・以前からあなたの考えに同調してきた人。
・利害が一致する人。
・あなたが取り組む改革やプロジェクトの成功に欠かせない経営資源を持っている人。
・大量のサポーター予備軍を人脈に持っている人。

図8-4 ネットワーク作りを促す好循環

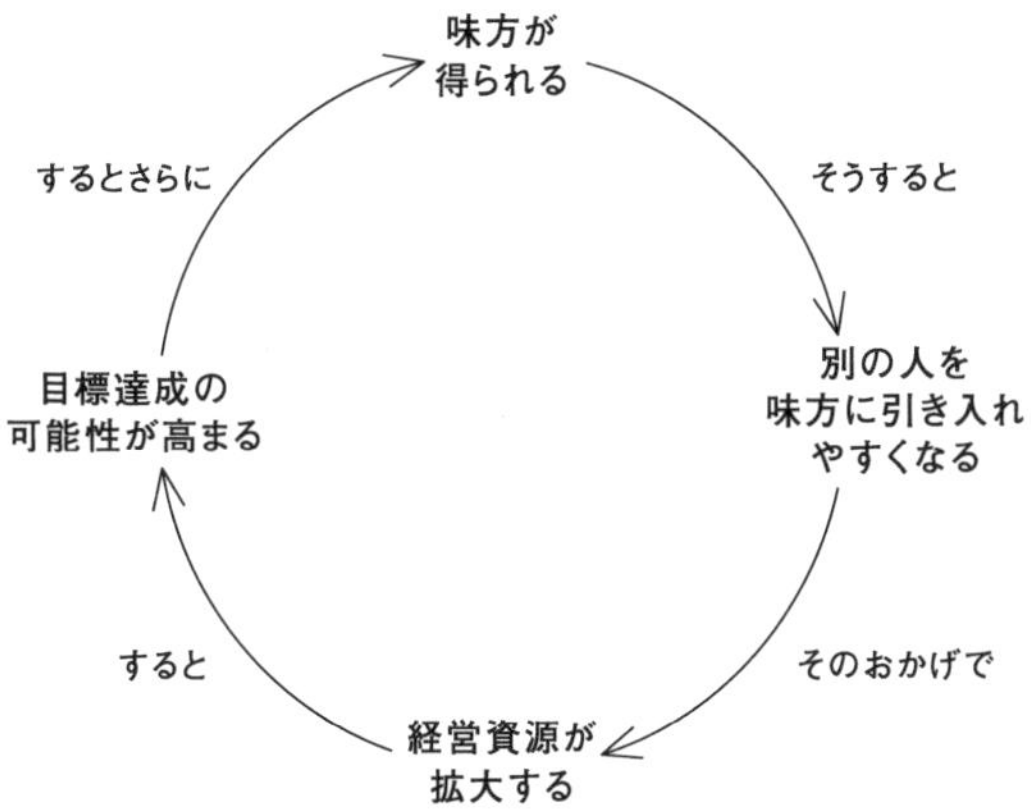

まとめ

ネットワークを作り上げるためには、すでにあなたを支持してくれる人とのつながりを強固にすると同時に、必要な能力や人脈など経営資源を備えた人たちと新たな関係を育てていくことが大切である。このとき始めに呼びかける相手を誰にするか、順序に注意してよい連鎖を引き起こしたい。またいわゆる「浮動票」を味方にすべく上手に説得しよう。ゆめゆめ敵に回してはいけない。

以前からのサポーターとの結びつきを一層強固にするには、社会的なネットワークや人脈をフルに活用し、話し合いや情報交換を怠らないことだ。せっかく築いた関係を錆び付かせないよう、まめにコンタクトをとろう。状況が変化したときは、とくに味方の反応に注意が必要である。また反対派の論拠をどうやって打破するか助言を与えるなど、つねに関係の強化に努め、新しい試みを後押ししてもらえるようにしたい。

チェックリスト

1 新しい職場で改革やプロジェクトを成功させるためには誰の助けが必要か。あなたを支えるネットワークのなかでいちばん心強いのは誰か。

2 インフォーマルなネットワークのなかでとくに影響力が強いのは誰か。大事な問題では誰の意見が尊重されるか。

3 改革を支持してくれそうなのは誰か、抵抗しそうなのは誰か。中立派のなかで説得できそうな相手は誰か。敵味方の選別は適切か。

4 中立派をどうやって説得するか。相手の関心やモチベーションをどう活用か。

5 あなたの改革やプロジェクトに対する支持者を増やすためには、どんな順序で呼びかければいいか。オピニオン・リーダーは誰か。インフォーマルなネットワークの力関係はどうなっているか。味方のなかに、大勢のサポーター予備軍とつながりのある人はいるか。

第九章 上手にバランスをとる

第九章に登場するのは、ニューヨーカー、キップ・エリクソンである。彼はマンハッタンの大手広告代理店で六年間勤務した後、このほどカナダ支社長に昇進したところだ。

トロントで働くのはすばらしい気分転換になるだろうとキップは期待に胸を膨らませた。カナダとアメリカは共通点が多いから気楽だし、トロントでは英語が通じる。しかもニューヨークよりはるかに安全だ。美味しいレストランもある。きっとのんびりコンサートや演劇を楽しめるだろう……。

最初はキップ一人が赴任することになり、ダウンタウンの小さなアパートを借りてさっそくトロント支社で働き始めた。パートナーのイレーヌ ―― フリーランスのインテリア・デザイナーとして成功している ―― はニューヨークのアパートを売りに出し、学校を探す手はずになっている。ふたりの娘、一〇歳のキャサリンと七歳のエリザベスのためだ。最初は学年末まで転校を見合わせる予定だったが、四カ月も離れればなれは長すぎるとキップとイレーヌは思い直したのだった。

しかし、好事魔多し。厄介ごとの最初の兆候が現れた。トロントのオフィスでは、どうも皆のんびりしていて何事も遅々として進まないのである。ニューヨーカーのキップは歯に衣着せずにものを言う癖がついていたが、カナダでは誰もがイライラするほど礼儀正しく、口論を避けようとする(向こうからみれば、キップは厚かましい無礼者だった)。キップは電話をするたびにイレーヌにこぼした――カナダ人ときたら、重要な問題でさえ本音を言おうとしないんだ。こういうわけで、彼はいつまでたっても信頼できる部下をみつけられずにいた。

四週間後、イレーヌがトロントにやってくる。新しい家と学校、それにインテリア・デザインの仕事を探すためだ。だがこれはという学校がなかなか見つからず、イレーヌはすっかり落胆する。子供たちはいまの学校が気に入っていて転校するのはいやだと駄々をこね、キップは仕事がうまく進まずカリカリしているという有様で、イレーヌはひどくみじめになった。カナダで暮すのはとても楽しいし、きっといい学校が見つかるわ――子供たちにそんな安請け合いをしてしまっていたのだ。

結局イレーヌは、子供たちを学年末までニューヨークの学校に通わせることに決める。キップはやむなく同意した。

単身赴任のキップが週末にニューヨークへ帰り、平日はイレーヌが一人で子供たちの面倒をみる生活が始まると、事態は急速に悪化し始める。イレーヌも都合がつけばトロントに来て学校探しを続けたものの、カナダへ行きたくない気持ちが募ってくるのをどうしようもなかった。楽しいはずの週末は次第に不愉快なものになる。子供たちまで、パパには会いたいけれどニューヨークを離れるのはいやだと言い出す始末。そんなこんなで月曜になるとキップは疲れ果てて出社し、仕事に集中できず、同僚や部下とはますますうまくいかなくなった。自分はダメな男だと感じ、そのせいもあってストレスはますます溜まっていく。

とうとう彼は、力ずくで事態を解決しようとした。会社のコネでまずまずの学校と家をみつけ、ニューヨークの家を早く処分してこっちへ来いとイレーヌに迫ったのだ。結果は最悪だった。このままでは離婚になりかねないと知ったキップは、とうとう会社を辞める。家族を失いたくなければ、ニューヨークに戻って新しい仕事を探すしかなかった。

地位が上がってきたら、何事にもバランスをとることが大切になる。公私のバランス、心身のバランス……。とりわけ昇進や異動直後の移行期にはそれが言える。先行きや周囲の状況がみえず、どう動いていいかわからない。自分が何をわかっていないかすらわからず、味方どころか知った顔さえ手近にいないこともある。ましてキップのように転勤するとなれば、生活の基盤も移さなければならない。つまり家族も一緒に移行期に突入することになる。こうした混乱のなかで、あなたは新しい職場に早く慣れ、手腕を発揮するよう期待される。移行期にはとりわけバランス感覚が大切だというのは、こうした理由からだ。

あなたは適切なタイミングで適切なことに集中しているだろうか。いつも元気で意欲があり、自分を見失わずにいられるだろうか。家族はあなたを支えてくれるだろうか。ハーバード大学のロナルド・ハイフェッツ教授は、Leadership Without Easy Answers（『リーダーシップとは何か！』）

のなかで、次のように指摘する。「リーダーシップ伝説とは、言ってみれば英雄譚である。たぐいまれな才能を持つ英雄が孤軍奮闘して道を切り拓くといった体のものだ。だが多くの部下の希望と苦悩を引き受ける責任の重みは、一時的には誰か一人の肩にのしかかることがあっても、ずっとそのままではやっていけない。英雄戦士型のリーダーシップ・モデルは、英雄の自殺なのである」(原注1)。だからあなたも、一人で何もかもやろうとしてはいけない。

自分のいまの状態を知る

ここで少し時間をとって、次ページの表9-1の自己採点をしてみよう。項目ごとに、いまのあなたに該当する選択肢を直観的に選んでほしい。

合計点が二五点以上か、五と答えた項目が一つでもあったら、あなたは危ない。二五点にいかなかった人も、万一に備えてこの章を読んでおいてほしい。移行期で苦しんでいる同僚や部下を助けるときにもきっと役立つことと思う。

悪循環を避ける

自己採点表の七つの項目は、新任リーダーが陥りやすい罠を書き出したものである。どれに落

表9-1 自己採点表

1.まったく当てはまらない　2.当てはまらない　3.どちらとも言えない
4.当てはまる　5.よく当てはまる

1	非常に忙しく、一番重要なことをやる時間すらとれない				
	1	2	3	4	5
2	上司や部下から頼まれ、やむなく本来の仕事でないことまで引き受けている				
	1	2	3	4	5
3	自分の思い通りにできず欲求不満を感じる				
	1	2	3	4	5
4	職場で孤立していると感じる				
	1	2	3	4	5
5	このところ私の判断は受け入れてもらえない				
	1	2	3	4	5
6	人事など重要な問題で決定を先送りにしている				
	1	2	3	4	5
7	いつもほど仕事に意欲が湧かない				
	1	2	3	4	5

ち込んでも悪循環が起きやすく、そこから抜け出すのは難しい。あらかじめこうした落とし穴があることをよくわきまえ、用心深く避けることが肝心である。自己採点で四点か五点がついた項目には、とくに注意してほしい。

(1)重要なことに集中できない

自分が集中できないのに、他人にそれを期待するのはどだい無理というもの。きっとあなたは毎日猛烈な勢いで働いているに違いない。なのに、来る日も来る日も手応えがない。なぜだろうか。

移行期間中にあなたができることは星の数ほどあるが、そのうち本当に重要なことは実はほんの少ししかないからである。「手当たり次第に仕事をこなせば、そのうちどれかはうまくいくだろう」――もしそんなふうに考えているとしたら、自分の能力を買い被りすぎだ。お手玉を全部空中に投げ上げておくのは難しいのである。管理職になればいくつもの仕事を同時並行的に進めなければならないが、こうした状況では心のゆとりを失いやすく、十分集中できないまま次から次へと機械的にこなすようになってしまう。そうこうするうちに重要な問題が手つかずあるいは中途半端になる。すると問題は悪化し、対処にますます時間をとられ、時間がさらに足りなくなるという悪循環に陥りやすい。

(2)一線を引けない

これはやる、これは無理、という具合に自分の守備範囲をはっきり決められないと、上司も同僚も部下もあなたに多くを求めすぎるようになる。しかもあなたががんばればがんばるほど相手はあなたに甘えるようになり、さらに要求が多くなる。これもまた悪循環だ。ついにはあなたは怒り出し、自分を過労死させる気かと恨むようになるだろう。だが誰を責めることもできない。悪いのはあなた自身なのだ。自分で一線を引けず、相手に引いてもらおうというのは虫がよすぎると心得よう。

(3)視野が狭まる

移行期にはわからないことが多く、むやみに自己防衛に走ったり自分のやり方に固執したりしがちである。とくに部下を掌握しなければとプレッシャーを感じている新任リーダーは、その傾向が強いと言えるだろう。そうなると挫折は目に見えている。早とちりに決定を下し、撤回すれば信用を失ってしまうと思い込む。だが時間が経てば経つほど間違いを認めるのは難しくなり、事態は悪化しやすい。あるいはまた、自分のやり方だけが正しいと決めてかかってはいないだろうか。頑なになるとまわりがみえなくなり、せっかくよいアイデアが出されても受け付けられなくなってしまう。

(4)孤立する

力を発揮するためには、実際に仕事をする現場の部下、そして地下水脈のような情報の流れとつながっていなければならない。新任リーダーは孤立しやすく、いったん孤立すると孤独感が重くのしかかってくる。周囲と結びつきを深める時間を十分とらないと、孤立に追い込まれやすい。一握りの取り巻きをつくったり、「公式」の情報に頼りすぎるのは危険である。また思いもよらぬことから、「今度の上司には報告しない方が無難だ」「この人には情報を教えるのはやめよう」とまわりの人間に思われてしまうこともあるから注意してほしい。

悪いニュースを聞かされたたときのあなたの反応をみて、まわりが警戒してしまう例は少なくない。原因が何であれ、いったん孤立すると不十分な情報に基づいて決断を下すことになる。すると不適切な決断をしやすく、その結果信用を失い、ますます孤立するという具合に悪循環が始まる。

(5)判断が偏る

何か物事を決めるとき、人間はついつい公正な視点を見失って判断が偏りやすくなる。そうなる原因はいくつもあるが(原注2)、その筆頭は、プライドや体面にこだわって判断を誤るケースだ。そのほか自分に都合のいい情報しか取り上げない、自分の利害を優先させる、自信過剰になる、事態の深刻さを過小評価する、といったケースも多い。こうした失敗は誰でも犯す可能性があるが、とりわけ自分にとって重大な利害が絡んでいるとき、状況が不確実だったり不透明なとき、気持ちが高揚しているとき――つまり昇進直後は危険である。

(6)困難な仕事を後回しにする

昇進すると、早い段階で厳しい決断を迫られることが多い。おそらく十分な情報もないのに仕事の方向性を決めなければならなかったり、解雇や配置転換を申し渡さざるを得なくなったり。だがとかくそうした厄介な決断は、意識的にせよ無意識にせよ、先送りしやすい。わざわざ他の仕事に没頭してみたり、まだまだ時間の余裕があると自分で自分をだましたりする。ハイフェッツ教授はこうした傾向を「逃避症候群」と呼んで戒めた。逃げ回っていると、厄介な問題は一層深刻になってしまう(原注3)。

図9-1 ヤーキズ=ドッドソンの法則

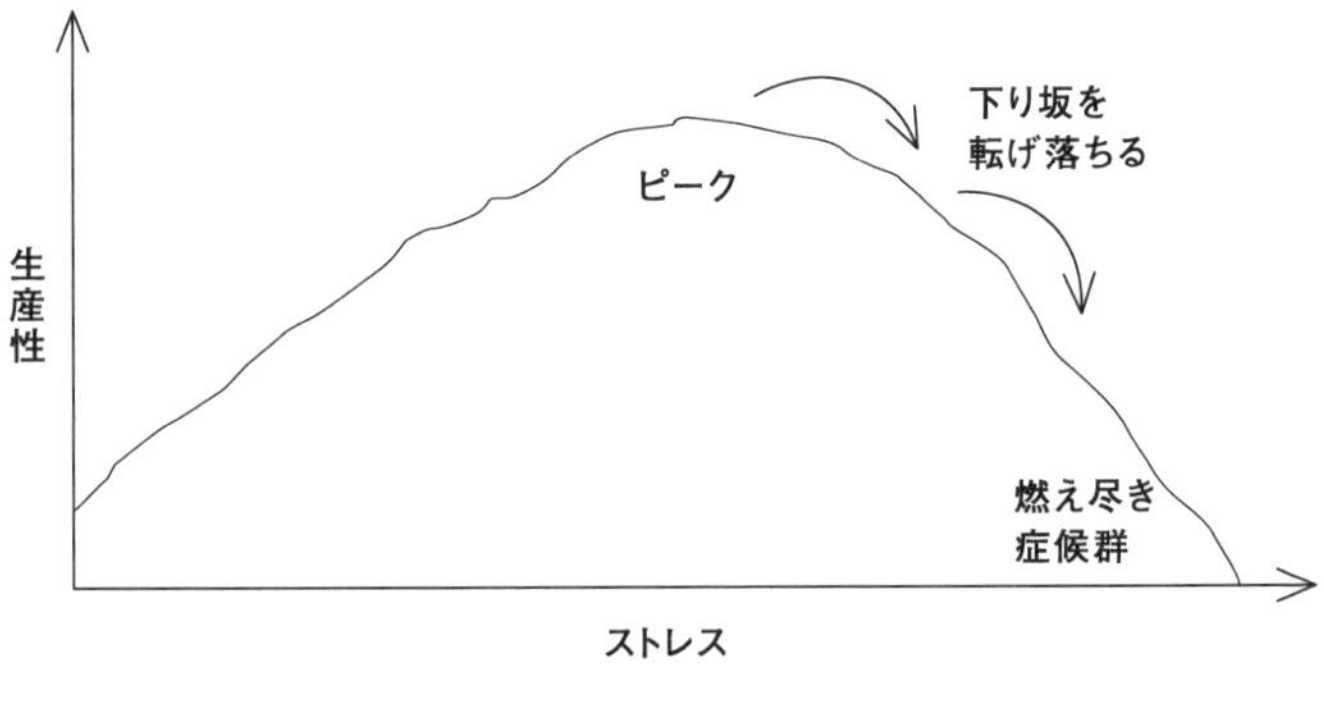

(7)ストレスが限界を超える

待ち受ける罠に脅かされるあなたは、きっとストレスに苦しめられるだろう。とは言えストレスが必ずしも悪いわけではない。ヤーキズ＝ドッドソンの法則(図9-1)によれば、記憶や学習の効率が最も上がるのは、適度なストレスがあるときだという(原注4)。

自ら招くにせよ、外から降りかかってくるにせよ、いくらかのストレスはむしろ生産的である。まったくストレスがないのは、ぬるま湯につかっているようなものだ。プレッシャーを感じると、最初は能率が上がる。だが次第にストレスが高まってピーク(個人差がある)に達すると、生産性は落ち始める。ちょうど、空中に投げ上げられたお手玉が多すぎる状態と言えるだろう。こうなるとストレスは一段と強まり、さらに生産性は低下するという具合に悪循環に陥ってしまう。とは言え、過労死や燃え尽き症候群にまで至るケースはそれほど多くはない。いちばんよくみられるのは慢性的な非効率である。一生懸命やるのに成果が上がらない ── キップの症状はまさにこれだった。

自分を保つ三カ条

七つもある落とし穴をうまく避けるにはどうしたらいいだろうか。悪循環に陥ってみすみす自分の能力を発揮できずに終わってしまうのか、それとも好循環に乗って目標達成へと快調に走り続けられるのか。好循環を導くためには、バランスよく自分を保つことが大切である。そのための三カ条をここで紹介しよう。第一条は、本書の第八章までで説明した移行期を乗り切るノウハウを積極的に採り入れること。第二条は、自分なりのルールを自分に課すこと。第三条は、仕事とプライベートの両方であなたを支えてくれる環境を整えることである。

第一条——移行期戦略を導入する

第一章から第八章では、新任リーダーの心構えから始まって、学習方法、状況判断、上司との関係づくり、部下の評価などについて説明してきた。これらの戦略がうまく機能し、自分の力で緒戦の勝利を手にできたら、あなたは自信をつけ、一段と意欲が湧くことだろう。移行期のあいだに壁にぶつかったと感じたら、表9-2を参考にしてそれぞれの章に立ち帰り、もう一度読み直してほしい。

表9-2 新任リーダーへの質問状

課題	章番号	新任リーダーへの質問
肩書だけでなく気持ちも切り替える	1章	これまでの仕事に別れを告げ新しい仕事に気持ちを向けているか?
効率よく学習する	2章	何を学ぶべきか、誰から学ぶべきか、どうやったら効率よく学べるか、理解しているか?
状況を診断し戦略を立てる	3章	職場がどんな状況に置かれているか理解し、対応策を練っているか?
緒戦で勝利を目指す	4章	長期目標に向かって前進でき、かつ短期的に職場の士気を高められるような優先課題にフォーカスしているか?
上司といい関係を築く	5章	新しい上司といい関係を築き、過剰な期待を抱かせないよう注意し、必要な経営資源を確保しているか?
組織をデザインする	6章	〈四つのSと一つのC—戦略(strategy)、組織構造(structure)、システム(system)、スキル(skill)、文化(Culture)〉はうまく噛み合っていますか?
人事を固める	7章	目標達成に向けて、最強の布陣で臨めるよう手を打っているか?
ネットワークをつくる	8章	社内外を問わず、サポーターのネットワークを築いているか?

第二条 —— 自分のルールを決める

自分が何をすべきかわきまえていることと、それを実際にすることとはまったく違う。最終的な成功と失敗を分けるのは、結局は毎日の選択の積み重ねである。日々の決断次第でいい方向へ向かうこともあれば、迷走してしまうこともある。自分の手綱をしっかり自分でとれることが大切だ。

リーダーのあなたには規律が必要であり、決めたことは甘えを許さず自分に課さなければいけない。どんなルールを課すかは、人によって、また状況によって違う。まずは自分を厳しくみつめ、いいところ悪いところを率直に認めよう。信頼できる人の意見も聞くといい。こんなとき、たとえば三六〇度評価などが役に立つ。あなたをよく知っている人は、あなたのどんなところを評価しているだろうか。また —— こちらの方が大切だが —— どこを弱点と考えているだろうか。

いくつかアドバイスを掲げるので、ルールづくりの参考にしてほしい。

計画を立てる時間を計画的にとる —— 計画→実行→評価サイクルに、毎日、毎週時間をとっているだろうか。もし答がノーなら、プランニングに時間を割くルールを決めるとよい。毎日の終わりに一〇分とり、前日立てた目標が達成できたか考えてみる。そして次の日に何をするか決めよう。週の終わりには、その週について同じことをする。これを習慣にすれば、たとえ計画どおりにできなくても、対策を立てやすくなる。

空約束を慎む――つい勢いで「やる」と約束してしまい、あとで後悔したことはないだろうか。かなり先のことを気軽に引き受け、その日が来てみたら予定がいっぱいで立ち往生するといったことはないか。そんな経験がある人は、空約束を慎む方がいい。何か言われても「なかなかおもしろそうだが、ちょっと考えさせてくれ。あとで返事するから」と答え、軽はずみにイエスと言わないように。あなたが超多忙であることを知っている人はその場で言質を取ろうとするかも知れないが、「いまどうしてもと言うなら、答はノーだ。でも少し時間をくれれば調整できるかも知れない」と受けよう。つまり、まずはノーと言うこと。あとでイエスに変えるのは簡単なのだから。だがイエスと受けてしまってあとでノーと豹変するのは好ましくない。地位が上がるにつれ、あなたの予定が埋まらないうちにと早め早めに約束を取り付けたがる人が増えるだろう。元同僚のロバート・ロビンソンが言うように「いまイエスといった自分をあとで責める」事態がありうるなら、迷わずいまノーと言おう。

困難な仕事のための時間をつくる――いちばん重要な仕事、いちばん困難な問題のための時間を毎日とってあるだろうか。電話に会議にeメール……日々の仕事に追われ、重要な仕事に集中する時間がとれないことは珍しくない。だが毎日三〇分でいいから、そのための特別な時間を設けよう。ドアを閉め、電話やメールは無視し、一つの問題にだけとにかく集中する。

距離を置く――あなたはいま何か厄介な問題を抱え、かなり感情的になっていないだろうか。もしそうなら、十分に距離をとって事態を冷静に見直そう。リーダーシップの権威であるハイフェッツ教授は、このことを「ダンスフロアで踊っていると、すぐ近くの人しかみえない。いったんダンスフロアを離れ、バルコニーに上がって全体像を俯瞰しよう」(原注5) と表現した。とはいえ、言うは易く行うは難し。のるか反るかの大勝負で渦中の人になっていたら、ダンスフロアを抜け出すのはなかなか難しい。しかしルールを決めて実行すれば、このスキルも身についてくる。

意思決定に配慮する――アイデアはいいのに、いざ実行となると部下がついてこない、ということはないだろうか。決定を下すときに無用の軋轢を起こしたり、恨みを買ったりすることはないか。そんな経験があるなら、意思決定の仕方にもっと気を配ることが大切である。あなたの案に対してほかの人はどんな反応を示しているだろうか。本音の意見を聞き出すにはどうしたらいいか、どうすれば実行の段階で快い協力が得られるだろうか。決まるまでのプロセスがフェアでないと受け取られたら、いくらいいアイデアでも人は乗り気になれない(原注6)。このことを忘れないでほしい。

己を知る――仕事中に自分がどう反応しているか、自分でわきまえているだろうか。この点に無頓着な人は、定期的にチェックする習慣を身につけよう。コラムの「自分を知るための質問リスト」を参照して、自分が考える「自分像」を簡単なメモにする。新任リーダーの場合は毎日やると効果的だ。ベテランの場合は週一回、仕事の進み具合のチェックも兼ねてやるといいだろう。いずれにせよ定期的に実行し、気づいた点を行動に反映させるよう努めてほしい。

●自分を知るための質問リスト

自分に対して同じ質問を繰り返し、時が経つにつれて自分の答がどう変わっていくかに注意しよう。そうすれば、自分をよりよく知り律することができるようになる。たとえば毎週末に一五分時間をとり、毎回同じ質問を自問自答する。回答は保存しておき、数週間後に見比べてみる。自分がどんな問題を抱え、それに対してどう反応しているかがよくわかるはずだ。

【いまのあなたは】

・やる気満々か？　もしそうでないなら、その理由は？　それに対してどうしたらいいか？
・自分に自信があるか？　もしそうでないなら、その理由は？　それに対してどうしたいいか？
・仕事はうまく進んでいるか？　もしそうでないなら、その理由は？　それに対してどうしたらいいか？

【いまの悩みは】

・誰かに嫌われているか？　それはなぜか？
・会議でいちばん困ったことは何か？　それはなぜか？
・これまでの経験のなかでいちばん不快だったことは何か？　それはなぜか？

【いまの仕事は】

・誰との関係を修復したいか？　それはなぜか？
・これまで下した決定のなかでどれが優れていたと思うか？　それはなぜか？

・取り逃した機会のうち最も悔いが残るのはどれか？　それはなぜか？　その機会を逸したのはあなたのせいか、他の原因のためか？

さて次にあなたが抱えている一番厄介な問題を考え、正直に答えてほしい。その問題が深刻化したのはあなたのせいだろうか、それとも状況から考えてやむを得なかったのだろうか。自分の責任とはなかなか認めたがらない人が多く、その結果、後手に回ってしまう例は枚挙にいとまがない。その点を心してほしい。

撤退を視野に入れる――移行期は短距離走ではなくマラソンである。マラソンの途中で何度も過剰なストレスに襲われるようなら、棄権もやむを得ない。仕事の場合、目標達成のプレッシャーをかけられ締切が数日後に迫っているようなときに撤退するのは到底無理だと思えるかも知れない。だが選手生命をトータルで考えることも忘れてはいけない。どんなにがんばっても成果が上がらないときは、せめて休憩をとることを考えよう。

第三条――足元の態勢を整える

第三条は、あなたを個人的に支えてくれる態勢を整えることである。職場と家族を安定させ、手を貸し助言をしてくれる人をみつけよう。

インフラを整える――新しく出店する、あるいはオフィスを構えるといった場合、インフラが整備されていなければ仕事に集中するのは難しい。山積する問題はひとまず措き、まずは仕事のできる環境を整え、毎日の手順を定め、誰に何をしてもらいたいのかはっきりさせよう。場合によっては、態勢が整うまで一時的に情報やシステム、スタッフをあなたが掌握することも必要である。

家族の不安を取り除く――同時にいくつもの前線で戦う愚を避けるというのは戦争のイロハのイである。新米リーダーの場合には、家族の不安を取り除き、仕事に集中する態勢を整えよう。家庭を崩壊させるようなリーダーには、創造的な仕事はできないと心得るべし。キップはこの点で致命的なミスを犯してしまったようだ。

昇進に伴って転居するようなときは、家族も同時に移行期を迎えることになる。イレーヌのように仕事を持つ女性だったら、引越と同時に職探しもしなければならない。子供たちは友達と別れ転校しなければならないだろう。つまりあなたが家族の助けを最も必要とするまさにそのときに、家族の生活そのものが激動期を迎えることになる。あなたがストレスを感じてイライラすれば、家族のストレスは倍増する。また家族が新しい生活になじめず不安を抱えているようだと、あなたも重苦しい気分になり、仕事に力を発揮できず、ブレークイーブン・ポイントになかなか到達できなくなるだろう。

だから自分の移行期をうまく乗り切ると同時に、家族もうまく乗り切れるよう気を配らなければいけない。家族は、激変した生活を不安がったり、不満に感じていないだろうか。ある程度の混乱は避けられないにしても、よく話し合って痛みを分かち合えば、きっと気持ちが楽になるだろう。

家族が新しい環境にうまく順応できるようにするためには、ほかにもこまやかな配慮が必要だ。大事なポイントを以下に紹介する。

・生活をスムーズに進めていくのに欠かせない人たちは誰か、考えてみよう。たとえばホームドクター、弁護士、歯科医、ベビーシッター、家庭教師等々。転居するとなれば、こうした人たちに別れを告げなければならない。優先順位を付けたリストをつくり、代わりになる人をできるだけ早くみつけよう。

・あなたの昇進と転居に伴い、妻（夫）が仕事を辞めなければならないケースがある。新しい職探しがうまくいかないと、失望感が募るに違いない。会社に掛け合ってサポートしてもらうなどの手だてを講じることが望ましい。大切なパートナーの生活がスムーズに軌道に乗れるよう協力しよう。

・家族の転居には十分配慮したい。子供たちを学期半ばで転校させるのは考えものかも知れない。学期末、学年末まで延ばすことも考慮すべきだろう。そうなるとあなたは家族と離ればなれになり、週末には遠距離を往復する負担がのしかかる。しかしもっと大変なのは、子供と残る妻(夫)である。一人で万事引き受ける負担をすこしでも軽くするよう、努めてほしい。

・家族のしきたりや決まり事を忘れないようにしよう。引越など忙しい時期が過ぎたらできるだけ早く家族の習慣を復活させ、移行期の間も続けるようにしたい。祖父母などの助けが得られればもっといい。

・国外に赴任するときは、異文化を知るために詳しい人のアドバイスを仰ぐことをお奨めする。言葉も文化もまったく違う国へ行く場合、家族が孤独感に悩まされる可能性ははるかに高くなるのだから。

・会社に転勤支援サービスがある場合には、できるだけ早くそれを利用しよう。会社のサービスは家探しや引越、学校の斡旋などに限られていることが多いが、あれば大いに役に立つ。

転居するとなれば、心配の種があれこれ出てくることは避けられない。だが家族全員ができるだけいやな思いをせず、早く新しい環境に溶け込めるようにしたいものである。そのためにあなたにできることは決して少なくない。このことを肝に銘じてほしい。

アドバイザーのネットワークをつくる

どれほど有能でエネルギッシュなリーダーも、スーパーマンではない。信頼が置け何でも相談できるアドバイザーが必要である。アドバイザーのネットワークは新任リーダーをサポートする貴重な存在であり、そうしたものがあれば、孤立したり自分を見失う恐れはぐっと少なくなる。理想的には、専門知識を持つアドバイザー、組織文化や慣習に通じたアドバイザー、裏事情や人間関係に精通しているアドバイザーをそれぞれ確保したい（表9-3）。

なおアドバイザー・ネットワークには、社内

表9-3 アドバイザーのタイプ

タイプ	得意分野	してくれること
専門分野を持つアドバイザー	技術・市場・戦略	先端技術の動向、新市場開拓のための戦略、精確な最新情報などを教えてくれる。
組織文化に通じたアドバイザー	企業文化・慣習・業務慣行	職場の規範や倫理観、価値観、不文律などを教えてくれる。場違いなふるまいをしないよう助言してくれる。
人間関係に詳しいアドバイザー	インフォーマルなネットワーク	裏事情に通じ、戦略の実行に手を貸してくれる。判断に迷うときに背景説明をし、適切な質問を発してくれる。

と社外の人間がほどよくミックスされていることが望ましい。社内では、組織文化をよく知っており内情にも通じていて信頼できる人を探そう。そうしたアドバイザーは得難い宝である。

しかし社内の人間であるがゆえに口にできないこともある。とくにあなたのやる気をそぐようなことは、おいそれとは言うまい。だから、社外にも人脈を開拓する必要がある。聞き上手で質問上手、しかもビジネスの現場に精通し、親身になってくれる人なら最高だ。

表9-4を使って、いまの「お抱え」アドバイザーを整理しておこう。社内・社外のどちらに属すか、どの分野でアドバイスがもらえそうかをチェックする。

次に、昇進後の新しい状況で必要な助言や支援が得られそうか、考えてみよう。これまで助けてくれた人がいれば今後も安心と高を括って

表9-4 アドバイザー分類表

	専門分野を持つアドバイザー	組織文化に通じたアドバイザー	人間関係に詳しいアドバイザー
社内（職場内）			
社外（職場外）			

はいけない。状況が変われば遭遇する問題の性質も変わる。これまでのアドバイザーが新しい地位でも有効な助言をしてくれるとは限らない。たとえば部長や重役に昇進すれば、社内外の力関係や駆け引きについてアドバイスしてくれる人が非常に重要になってくる。

先を見越して人脈作りをすることも大切だ。信頼関係を築くには時間がかかるのだから、先々助けてくれそうなアドバイザーを探し始めるのに早すぎるということはない。

必要に迫られたときにいつでも何でも相談できるのが優れたネットワークである。あなたのアドバイザー・ネットワークは、次の基準を満たしているだろうか。

- 専門的なアドバイザー、組織文化や慣習のアドバイザー、裏事情や人間関係のアドバイザーがバランスよくそろっている。
- 社内外のバランスがとれている。社内のアドバイザーからは状況に即した意見を、社外からは客観的で辛口の批評を聞きたい。
- 社外のアドバイザーは、会社と関係が深い人よりも個人的にあなたと親しい人が望ましい。友人や昔の同僚などは適任である。
- 社内のアドバイザーは、個人的利害が対立しない立場にある人で、信頼でき、率直に意見を言ってくれる人が望ましい。
- 重要な関係先に所属する人がアドバイザーに加わっていれば、あなたの視点を豊かにしてくれるだろう。たくさんの立場から物事を多面的にみることは大切である。

まとめ

いつもバランスよく適切な視点から物事を判断できるようにするためには、常日頃から意識的な努力が必要である。新しい地位、新しい職場でうまくやっていけるかどうかは、日々の判断の積み重ねにかかっている。優れた判断を積み重ねていけば部下は新任リーダーの下で力を発揮し、あなた自身もはやくブレークイーブン・ポイントに到達できるが、逆の場合には集団としての業績もあなたの成績も下降線をたどることになる。とりわけ移行期のあなたの毎日の行動が、その後の会社人生だけでなく、あなたのキャリア、そしてあなたの家族の幸福をも左右することをゆめ忘れてはいけない。

チェックリスト

1　新しい仕事にとって、自分の最大の弱点は何か。自分の弱点をどのように補ったらいいか。
2　自分に課すルールとして決めておかなければならないことは何か。どうやってそのルールを守るか。たとえば今度の職場ではどうするか。

3 生活の基盤を安定させるにはどうすればいいか。

4 家族などプライベートな問題に対して何ができるか。どうすればお互いに支え合う関係を築けるか。当面の最優先事項は何か。

5 アドバイザーのネットワークを築くにはどうすればいいか。社内・社外にアドバイザーはいるか。いまいちばん必要なのは、どんな分野のアドバイザーか。

第一〇章 全社的なサポート体制を整える

第一章から第九章まで、昇進したての新任リーダーのためにさまざまなノウハウを紹介してきた。これらを活用すれば、きっと移行期をすみやかに乗り切り実力を発揮できるようになると信じる。だが、一人がそうなっただけでは、実は不十分である。直属の部下、そのまた部下はどうだろうか。彼らが移行期をうまく乗り切れるかどうかは、上司にも大いに影響を及ぼすにちがいない。

この本を書こうと調査を始めたとき、私は一つの謎を解くつもりだった。その謎とは、管理職が移行期を立派な成績で「卒業」できるよう、組織として取り組む企業がこうも少ないのはなぜか――移行期をスピードアップできれば大きなメリットがあるのに、このおいしい果実を無視する企業が多いのはなぜか、ということである。ごく一般的な企業の場合、管理職のおよそ四分の一が毎年昇進あるいは異動する。すなわち彼らは移行期に突入し、そのことが周囲に多大な影響を及ぼす。そう考えると、移行期をスムーズに完結させるための方策を講じない会社が多いのは、まったく不思議ではないか。新任管理職が本来の力を出せるよう組織的にサポートしている企業は、ゼネラル・エレクトリック（GE）などほんの数社にすぎない。いくらかやる気のある企業でみられるのは、いわゆる「導入研修」の類である。社外から採用された管理職向けに会社の基本方針や業務内容、企業文化などを知らせるプログラムだ。もちろんそれなりに役には立つが、移行期そのものを系統立てて管理するものではない。しかも大半の企業はそれすら実施していないのが実態である。

どうしてだろうか。原因の一つは、人材開発のあり方が変わったことにある。組織構造がフラット化し、事業環境がめまぐるしいスピードで変化するようになると、部下の育成や助言指導に割く時間や機会が大幅に減ることは避けられない。このため困難な移行期に臨んでも、新米リーダーは十分なサポートを受けられなくなってしまった。これを補うために多くの企業で教育研修を専門とする部署が置かれ、能力開発の重責を果たすと期待されている。たしかに専門知識・能力などハードなスキルの開発は目に見えて進化した。だがその反面、管理職の知恵や裏技といったものが先輩から新米にあまり伝授されなくなっている。リーダーが身につけるべき「ソフト」なスキルの伝承が途絶えかかっているように思われる。

もう一つの原因は、「泳げない奴は溺れろ」という風潮である。多くの企業は、どうやら移行期を能力選別の機会とみなしているらしい。この乱暴なやり方を、私はひそかに「ダーウィン式人材開発法」と命名している。前途有望な幹部候補生を連れてきて、いきなり背の立たないところに放り込む。泳ぎ切った者は引き上げ、泳げない者は沈む……ダーウィンの言う適者生存、自然淘汰である。会社によっては、ほとんど「いじめ」に近いやり方でこれが行われている。自分たちもこうされたのだから君たちも、ということなのかも知れない。ある重役など、真顔で私にこう言ったものだ――「まさか君は移行期を心地よいものにしてやるつもりじゃないだろうね」。とんでもないと言わんばかりである。派閥争いの絶えない会社などでは、敵対する派閥の無防備な犠牲者をどうみても不相応な地位に就け、案の定やりそこなったら出世レースから放り出すといった仕打ちが横行している。

こうしたわけだから、リーダー育成において移行期がとりわけ重要な要素であることは言をまたない。一九九八年にマッキンゼーが The war for Talent（『ウォー・フォー・タレント―人材育成競争』）のために行った調査によると、「人材育成にとって最も重要」と考えられる体験は、どれも移行期と関係があるという。貴重な体験トップ・スリーは「責任範囲の広い地位に昇進すること」「事業の方向を大きく転換させること」「新しい事業を立ち上げること」だった(原注1)。だが勘違いしないでほしい。リーダーを育てるとは、何の準備もないまま激戦地に送り込むことではない。移行期と一口に言っても内情はさまざまであり、過去に学んだことが必ずしも役立つとは限らない。これが、ダーウィン方式の致命的欠陥である。その結果、あたら有能な人材が不用意にミスを犯して溺れる結果になりかねない。うまく泳ぎ切れるかどうかは能力の優劣ではなく、たまたま適した環境に置かれた、あるいはたまたま近くに目ざとい救命隊員がいた、といった偶然に左右されることになる。

長い目でみると、ダーウィン式人材開発法は企業によい結果をもたらしてこなかったと言える。

自然淘汰に任せるのは、ルールなき自由競争を放任するに等しい。たしかに優れた会社は究極的には実力主義であり、誰もがトップ目指して競争し、絶えず会社を活性化する。だが実力主義は、平等なフィールドで戦うところから始まるのだ。認められ評価されるのはそれにふさわしい能力や資質を備えているからであって、たまたま自分の能力を生かせる部署に配置されたからであってはならない。

そこで第一〇番目である最後の章のタイトルは、「全社的なサポート体制を整える」とした。本書で紹介したノウハウを会社として導入してほしいとの願いからである。新しく管理職に昇格した全員がこれを実行するなら、本人が手痛い失敗を未然に防げるのはもちろん、全員がスムーズに移行期を乗り切ることによって会社も多大な利益を手にできるだろう。一人ひとりがはやく本領を発揮できるようになるほど、会社も早く事業目標——たとえばシェアの拡大、コスト削減、新製品開発等々——を達成できるようになる。

ちょっと考えてみてほしい。新しく昇進したあなたの部下、その部下、そのまた部下がこれまでより五％早くブレークイーブン・ポイントに到達するとしたら、どうだろう。その利益貢献度は膨大なものとなるに違いない。

移行期の「共通語」をつくる

あなたの会社に、移行期を破綻なく乗り切るためのフレームワークを導入するとしよう。いちばん賢いやり方は、移行期について考え評価するための言葉を定義し、定着させることだ。まず言葉ありき——組織として移行期に取り組む共通認識を持つうえで、言葉は重要な役割を果たす。管理職に昇進したての人が、誰にもわかる共通の言葉で上司や同僚や部下と話し合えるとしたらどれほど効率的か容易に想像がつくと思う。移行期にはとりわけコミュニケーションが大切だが、「共通語」があれば、それはぐっと楽になる。たとえば次のテーマについて話すときを想像してみよう。

・いま直面している状況は〈四つの状況（離陸・方向転換・針路修正・高度維持）〉のどれだろうか。その状況にはどんな困難な課題があり、どんなチャンスが潜んでいるだろう。
・新しい職場では、〈三つの学習分野（専門知識・企業文化・人間関係）〉でそれぞれ何を学ぶべきだろうか。とくに重点を置くべき分野はどれだろう。
・〈五つの対話テーマ（現状認識・期待・スタイル・経営資源・能力開発）〉について新しい上司はどう考えているだろう。お互い了解に達することができるだろうか。

・長期目標（業績目標・行動改革）と緒戦の勝利を目指す短期目標をどのように設定したらいいか。

・アドバイザー・ネットワークはどう築いたらいいだろうか。どのタイプのアドバイザーがこれから必要になるだろう。

共通語の存在は、こうした話し合いをスムーズにしてくれる。さらに重要なのは、共通語がなければ話題にもならなかったようなことが取り上げられ、対話が生まれやすくなることである。誰もがこれらの問題を意識し、意見や情報を交換するようになるだろう。そして移行期で悪戦苦闘中の人たちに寛容になり、少々のヘマには目をつぶるようになると期待できる。そのうちきっと、「泳げない奴は溺れろ」式のやり方は影を潜めるようになるだろう。

とは言え、こうした取り組みを全社的に制度化するのは大変な仕事である。だから、まずは手近の職場、直属の部下から始めるといい。

新しく職場に来た部下がいたら、恐れず実験してみよう。あなたが手を貸せばどれだけ早くブレークイーブン・ポイントに到達できるか、やってみてほしい。〈九〇日プラン〉を立てるよう指導し、〈五つの対話テーマ〉フレームワークを導入して新しい上司（＝あなた）との関係づくりに活用する。〈四つの状況〉モデルを使って状況を診断し、何を期待するか話し合い、学習すべきことを一緒に考えよう。誰のどんなサポートが必要か話し合い、必要なら紹介の労をとる。長期目標を決めるよう促し、どこで緒戦の勝利を狙うか考えさせよう。部下がうまく九〇日を乗り切ったら、今度はその部下にも移行期フレームワークを試すよう奨めるといい。

これと並行して、もう一つの試みもやってみてほしい。新しい考えを柔軟に受け入れてくれそうな直属の部下を選び、そのまた部下の移行期を指導させるのである。もちろんあなたはあらかじめ最初の部下に基本のフレームワークを教え、必要に応じて後押ししてやらなければいけない。先生役をすることほど学習効果の高いことはないから、直属の部下はたちまち移行期のベテランになることだろう。こうして、移行期を乗り切るノウハウはすみやかに組織に浸透していく。

チーム作りに応用する

移行期戦略は、チーム作りにも応用できる。体系的なアプローチのメリットの一つは、「共通語」を提供できることだ。前からいたメンバーと新しいメンバーによる混成チームなどでは、共通語の存在はとりわけ役に立つ。新旧メンバーが共通の認識を持ち、スムーズに同じフィールドで仕事ができるようになるだろう。

手順としては、最初に大きな枠組みを説明する。次に〈四つの状況〉モデルを使って直面する状況を診断し、全員が共通の現状認識を持つようにする。そのうえで課題は何か、機会はどこにあるかを話し合う。その後に〈四つのS（戦略、組織構造、システム、スキル）〉を取り上げる。

長期目標と短期目標も決めて、緒戦での勝利を目指す。最後に、必要なサポートを得るためのネットワーク作りに取り組む。

社外から採用した人材に応用する

健全な企業は社外から積極的に人材を登用する。社外からの採用は一般に中間管理職クラスが多く、新しいアイデアや活力をもたらしてくれるので非常に有益である。だがせっかく採用しても、移行期プログラムを用意している企業はほとんどない。このため有能な人でもつまらぬことでつまずきやすい。とりわけ失敗が起きやすいのは、組織文化や人間関係の方面である。

これを防ぐためには、一人ひとりに〈九〇日プラン〉を立ててもらうといい。〈四つの状況〉モデルを使って、社外から来た人にはどんな仕事がやりやすいか考えよう。助言もせず後ろ盾もなしに〈針路修正〉の局面に放り込むような真似をしてはいけない。また移行期戦略の「共通語」もぜひ教えてあげよう。共通語を知っていれば、会社の価値観などについて古参社員ともスムーズに話し合える。このほか、組織文化についての資料も用意したい。移行期を無事卒業した先輩社員のインタビューなども効果的である。

エグゼクティブ研修に応用する

移行期戦略はエグゼクティブ研修にも応用でき、幹部の育成に生かすことが可能である。よくできた最近のプログラムでは、昇格したエグゼクティブは移行期戦略を学び、シミュレーションやケーススタディを実践し、〈九〇日プラン〉を立てる。少人数のグループに分かれての集中研修や長期的なネットワークづくりがプログラムに盛り込まれることも多い。

後継者育成プランに応用する

効率的な後継者育成システムをつくるには、リーダーシップ能力を厳正に評価することが何よりもまず必要である。続いて、有能なリーダーを育てる仕組みを総合的にデザインしなければならない。よいシステムがあれば、リーダー候補者は多面的な専門知識を身につけ、将来会社を背負って立つジェネラル・マネジャーに育つ。グローバル企業であれば、幹部候補にはキャリアの早い段階で国際経験を積ませることも大切だ。キャリアのなかでの重要な節目をリーダー育成システムのなかに位置づけるケースも増えている。

とは言え、現在のシステムの多くは、能力評価・育成のどちらの面でも不十分と言わざるを得ない。それは、後継者育成を体系的に考える視点が欠けているからである。客観的なフレームワークがなければ、まったく異なる状況に置かれた候補者同士を比べることはできない。そのうえ、幹部候補にどのようにキャリアを積ませるべきか、方法論も定まっていないのが現状である。

後継者の育成では、本人の能力をいじりまわすよりも移行期に注目するとよい。〈四つの状況（離陸・方向転換・針路修正・高度維持）〉をそれぞれ経験させる。〈四つの状況〉モデルを使えば、地域や部門が違っても、候補者の客観的な実績評価をすることが可能になる。またさまざまな状況を経験することによって、候補者はどんな場面にも対処できる能力を身につけられる。

手始めに、あなた自身のキャリアを考えてみよう。次ページの表10-1の能力開発グリッドを使い、自分が仕事のなかでどのように成長してきたか、たどってほしい。横の列にはこれまで経験した職務を、縦の列にはこれまでに遭遇した状況を記入する。

これまでの職務のほか、主なプロジェクトやタスクフォースも記入対象とする。たとえば管理職として最初の仕事が方向転換中のマーケティング部門だったら、表の該当する欄に①と書き込む。次が営業部門で新製品の売り込みなど離陸に該当する状況を経験したら、その欄に②と書き込む。同時期にプロジェクト・マネジャーを兼務したら、該当する欄に△の中に2（△はライン業務でないことを示す）と記入する。

この要領で、管理職としての職歴をすべて書き入れよう。次に、全部を線で結んでみる。どこかに空白の列はないだろうか。ジェネラル・マネジャーになる準備はもう整っているだろうか。

表10-1 能力開発グリッド

	離陸	方向転換	針路修正	高度維持
マーケティング				
営業				
財務				
人事				
業務				
研究開発				
IT				
その他				

何か足りない能力はないだろうか。

繰り返しになるが、管理職には第一に当然ながら管理能力、第二に国際経験、第三に社内の主要ポストの経験が求められる。そしてさまざまな状況に対応できる能力は、リーダーシップの第四の要素なのである。

合併後の事業統合に応用する

移行期戦略は、合併後の事業統合にも活用できる。合併をすれば、大勢の社員が同時に移行期に突入することになるからだ。移行期戦略をうまく生かせば一人ひとりがうまく移行期を乗り切れるだけでなく、二つの違う会社の社員が「共通語」で話せるようになる。組織文化の衝突は、意思疎通がうまく行かない、つまりは言葉が通じないことから起きやすい。理解不足は衝突を生み、統合プロセスの足を引っ張る。移行期戦略を応用すれば、社員全員が共通の認識を持ってことに当たれるだろう。

サポート・ツールを活用する

サポート・ツールの利用も効果的である。本書の内容に即したプログラムが移行期戦略のモデルとして、ハーバード・ビジネス・オンラインで提供されている（http://www.harvardbusinessonline.com）。新任リーダーを支えるさまざまな診断ツールや移行期中にジャスト・イン・タイムで使えるプログラムが含まれており、敢えてコース教材の形式ではなく、必要なときに柔軟に使えるよう設計してあるので、一人ひとりの状況に合わせたやり方で活用してほしい。一般的には最初に半日程度の面談かウェブ会議で導入研修を行い、あとはオンライン・プログラムとして使いこなすとよい。

チェックリスト

1 部下のなかに、移行期で苦労している人はいるか。どんな手助けが必要か。
2 新任管理職の導入研修コースは用意されているか。それは効果が上がっているか。
3 社外から採用された人材の移行期をスムーズにするためにはどうすればいいか。
4 移行期戦略を幹部候補のためのキャリア開発プログラムに採り入れるべきか。また後継者育成プログラムには、移行期戦略のどんな要素を採り入れるべきか。
5 移行期戦略は、買収後の事業統合にどう生かせるか。
6 オンラインのサポート・ツールを使って移行期戦略の効果を高めることは可能か。

終章

溺れるリーダーをつくらない

本書は、リーダーが移行期をスムーズに乗り切れるよう、体系化したフレームワークを提供する目的で書かれた。「泳げない奴は溺れろ」式の苛酷な自然淘汰はもうやめたい。本書に紹介したフレームワークを活用すれば、新しい職場、新しい仕事に早く慣れて実力を発揮し、ブレークイーブン・ポイントにすみやかに到達できる。また、移行期に悪戦苦闘する部下を助ける役にも立つだろう。彼らが早く移行期を乗り切るほど、上司であるあなたの目標もはやく達成されることになる。

本書では章ごとに移行期の一〇の課題を取り上げ、それぞれを乗り越えるノウハウを紹介した。移行期に伴う問題点を理解し、あなたの引き出しにたくさんのテクニックを増やしてほしい。一つひとつの課題がわかったら、次には移行期の全体像を頭に入れよう。

移行期に関する私なりの考えを本書の冒頭で五項目にまとめたことを覚えておられるだろうか。ここで五項目の考察を新しい視点から見直し、結論を出すことにしたい。

(1)新任リーダーが移行期につまずくのは周囲の状況と本人の長所・短所が重なって失敗要因が

増幅されるからであって、決して本人だけのせいではない。うまくやれるかどうかは、状況を診断する力、その状況に伴う機会を発見し課題をみきわめる能力に多分にかかっている。そしてもちろん、機会を生かし課題を乗り越えるための具体的な行動を計画する能力も大切である。自分がいま直面している状況では何が要求されるのか。それがわからなければいい結果は出ないし、それどころかみじめな失敗に終わりかねない。状況を正確に把握し、同時に自分自身の実力をきちっとわきまえていれば、何が足りないかがわかり、適切な対策を講じることができる。

(2)失敗の可能性を減らしブレークイーブン・ポイントに早く到達するための体系的な方法は、必ず存在する。チーム・リーダーへの昇進とCEOへの昇進の違いは単に規模の問題であって、質的な相違はさほど大きくない。たしかに会社のトップともなれば、会社組織の設計や経営チームの人選、社外との折衝などが重要な役割になる。これらは下位の管理職には縁のない事柄だ。しかし基本的なこと――肩書だけでなく気持ちも切り替える、状況を診断し戦略を立てる、効率よく学習する、緒戦で勝つ、ネットワークをつくる――はどんなレベルの管理職にも当てはまる。そして移行期の究極の目的も、社長からチーム・リーダーまで全員に共通である。それは、早く実力を発揮してブレークイーブン・ポイントに到達することだ。〈九〇日プラン〉は、移行期を迎えるすべての管理職にとって有効である。

(3)移行期で何より大切なのは高い目標に向かって走り出す好循環を生み出すことであり、信用を失うような悪循環を絶対に起こさないことである。リーダーシップとは、テコのようなものだ。有能なリーダーは、自分に備わったアイデアやエネルギー、そして人脈や影響力などをテコに使って組織全体に新しい力を呼び覚ます。リーダーは一人の人間に過ぎず、一人の人間にできることは限られている。だが信頼され評価されているリーダーはテコになれる。そして小さな成功がリーダーへの信頼をさらに高め、大きな挑戦へと向かわせ、大きなリターンを生み出す。本書のなかでも特に緒戦での勝利、ネットワークづくり、部下の評価と処遇について論じた箇所は、リーダーがテコの原理を使って組織の力を引き出す助けとなるだろう。

(4)移行期はリーダー育成のまたとない機会であり、このことを肝に銘じて昇進したばかりの人材を育てるべきである。ダーウィン方式は時間とエネルギー、そして貴重な才能の浪費であることにぜひとも気づいてほしい。前途有望なリーダーに、困難だがやり甲斐のある新しい地位を経験させるのは大いに結構なことである。しかしただ水の中に放り込み、泳げればよし、泳げなければ溺れろ、というのは酷だ。水泳を教えるように移行期を乗り切る技術を教え、戦うチャンスを与えるべきである。能力を発揮する機会が平等に与えられれば、誰が優れているかみきわめるのも容易になる。

(5)移行期をスムーズに乗り切るための標準的なノウハウを備えておくことは、企業にとって大きなメリットがある。あなたの会社では、平均的に毎年何人が管理職として異動・昇進するだろうか。そして移行期中の新任管理職から影響を受ける社員はどのくらいいるだろう。移行期に伴うこうしたコストは年間どのくらいになるだろうか、五%でもコストを切り詰められたら相当な効果が上がるのではないか。単純に移行期を減らす——つまり一つのポストの在職期間を長くするのは、正解とは言えない。有能な人間ほど単調さを嫌い、新しい挑戦を望むからである。したがって正解は、移行期を迎えたすべての社員ができるだけ早くブレークイーブン・ポイントに到達すること、これに尽きる。

キャリアを積んできた読者のなかには、この本で紹介したテクニックの一部を既に実践している人もおられることだろう。「なんだ、これは自分がやっているのと同じだ」と思われるかも知れない。そうした経験豊富なベテランにも、自分のやり方を改めて見直す意味で、本書を読んでいただければと思う。あるときにはうまくいったやり方が万能だと思い込むのは、たいへん危険なことだ。

そして管理職になってまだキャリアの浅い人は、これからたくさんのことを学ばなければならない。最初に悪い習慣を身につけないよう注意し、スタートするときから正しいやり方で臨むことが大切である。そしてこれから迎える数多くの移行期を通じて能力を高めていってほしい。

原注

序章

1　ハーバード経営大学院が実施した二〇〇二年度青年社長会（ＹＰＯ）社長向けセミナーおよび二〇〇三年度世界生産性機構（ＷＰＯ）ＣＥＯ向けセミナーの参加者を対象として調査を行い、データを分析した。

2　例外として、ジョン・Ｊ・ギャバロの名著〝*The Dynamics of Taking Charge*〟(Harvard Business School Press, 1987)、リンダ・Ａ・ヒル〝*Becoming a Manager:Have New Managers Master the Challenges of Leadership*〟第二版（Harvard Business School Press, 2003）がある。

3　専門職から初めて管理職に昇進したときの課題については、ヒルの〝*Becoming a Manager*〟に優れた考察がある。

4　ヘレン・ハンドフィールド・ジョーンズ〝How Executives Grow〟(*McKinsey Quarterly* 2000, vol.1) 一二一ページによる。

5　フォーチュン五〇〇社の人事担当上級管理職を対象に、筆者が一九九九年に行った移行期調査の結果から推定したもの。フォーチュン五〇〇社のなかから一〇〇社を無作為抽出し、人事部長に調査票を送付。四〇通の回答を得た。質問の一つとして、一九九八年度中に新しいポストに就いたマネジャーのパーセンテージを訊ねた。この質問に対する回答の平均は二二・三％であった。これをフォーチュン五〇〇社に敷衍すると、毎年七〇万人の管理職が異動する計算になる。したがって本書で五〇万人としたのはやや控えめな数字であり、管理職の異動の多さを示すために掲げたものとお考えいただきたい。

6　原注５に記した人事部長を対象とする調査（フォーチュン五〇〇社のなかから一〇〇社を無作為抽出）のデータによる。

7　ハーバード経営大学院が実施した二〇〇二年度ＹＰＯ社長向けセミナーおよび二〇〇三年度ＷＰＯ／ＣＥＯ向

けセミナーの参加者を対象として調査を行い、データを分析した。

8 創造的リーダーシップ研究センターが行った調査結果(*Fortune*掲載)による。アン・フィッシャー〝Don't Blow Your New Job〟(*Fortune* 1988. 6 .22) を参照されたい。ブラッド・スマートによると、失敗率は五〇%に達するという。ブラッド・スマート〝*Topgrading:How Leading Companies Win by Hiring, Coaching, and Keeping the Best People*〟(Prentice Hall, 1999) 四七ページを参照されたい。

9 この推定数値は、ブラッド・スマート〝*Topgrading*〟四六ページによる。同氏は優れた人事コンサルタント。同氏はこの調査を実施し、雇用の失敗がもたらすコストは、基本報酬を一一四、〇〇〇ドルとしたとき、その二四倍であると見積もった。

10 原注5に記した人事部長を対象とする調査(フォーチュン五〇〇社のなかから一〇〇社を無作為抽出)のデータによる。

11 管理職のキャリアにおける節目については、ラム・チャラン、スティーブン・ドッター、ジェームズ・ノエル〝*The Leadership Pipeline: How to Build the Leadership-Powered Company*〟(Jossey-Bass, 2001) を参照されたい。

第一章

1 アイベスターの略歴は、M・ワトキンズ、G・ノープ、C・レーヴィス〝The Coca-Cola Co.(A) : The Rise and Fall of M. Douglas Ivester〟, Case 9-800-355 (Harvard Business School, 2000) による。

2 C・ミッチェル〝Challenges Await Coca-Cola's New Leader〟(*Atlanta Journal and Constitution*, 1997.10.27) による。

3 P・セラーズ〝Where Coke Goes from Here〟(*Fortune*, 1997.10.13) による。

4 〝Clumsy Handling of Many Problems Cost Ivester Coca-Cola Board's Favor〟(*Wall Street Journal*, 1999.12.17) による。

5 クリス・アーギリス〝Teaching Smart People How to Learn〟(*Harvard Business Review*, 1991.5-6) による。

6 ロナルド・ハイフェッツ〝*Leadership Without Easy Answers*〟(Belknap Press, 1994) を参照されたい。

第二章

1 組織文化とこれを形成するリーダーの役割については、エドガー・シェーン〝*Organizational Culture and Leadership*〟第二版 (Jossey-Bass, 1992) を参照されたい。

2 ジェリ・オーグストがケネディ政治学大学院およびハーバード経営大学院のエグゼクティブ・プログラムで行った講演（未発行）による。

第三章

1 ラム・チャラン、スティーブン・ドッター、ジェームズ・ノエル〝*The Leadership Pipeline: How to Build the Leadership-Powered Company*〟(Jossey-Bass, 2001) を参照されたい。

第四章

1 ダン・チャンパ、マイケル・ワトキンズ〝*Right from the Start: Taking Charge in a New Leadership Role*〟(Harvard Business School Press, 1999) の第三章〝Securing Early Wins〟を参照されたい。

2 ジョン・ギャバロ〝*The Dynamics of Taking Charge*〟(Harvard Business School Press, 1987) を参照されたい。同書は、ジェネラル・マネジャーの移行期に関する優れた著作である。

3 マイケル・ワトキンズ、マックス・ベゼルマン〝Predictable Surprises: The Disasters You Should Have Seen

Coming〟(*Harvard Business Review*, 2003.3) を参照されたい。

4 この有意義な指摘をしてくれたのは、同僚のエミー・エドモンソンである。

第六章

1 よく知られているマッキンゼーの「七つのS」組織分析フレームワークを本書の目的に合わせて手直しした。くわしくは、R・H・ウォーターマン、T・J・ピーターズ、J・R・フィリップス〝Structure Is Not Organization〟(*Business Horizons*, 1980) を参照されたい。概論については、〝*Organizational Alignment:The 7-S Model*〟Case 9-497-045 (Harvard Business School, 1996) を参照されたい。なお七つのSとは、戦略 (Strategy)、構造 (Structure)、システム (Systems)、人員配置 (Staffing)、スキル (Skills)、スタイル (Style)、共通の価値観 (Shared values) である。

2 SWATフレームワークは、エドマンド・P・ラーンド、C・ローランド・クリスチャンセン、ケネス・アンドリューズ、ウィリアム・D・ガスが〝*Business Policy:Text and Cases*〟(Irwin, 1969) の中で最初に提唱した。

3 詳しくは、マイケル・C・ジェンセン〝*Foundations of Organizational Strategy*〟(Harvard University Press, 1998) を参照されたい。

4 両方をこなせる組織を作るのは極めて難しい。マイケル・L・タッシュマン、チャールズ・オレーリーIII〝*Winning Through Innovation:A Practical Guide to Leading Organizational Change and Renewal*〟改訂版 (Harvard Business School Press, 2002) を参照されたい。

第七章

1 我々は、シニア・チームのリーダーが意思決定を効率的に行う方法について研究した。この共同研究の成果は、

A・エドモンソン、M・ロベルト、M・ワトキンズ〝A Dynamic Model of Top Management Team Effectiveness: Managing Unstructured Task Streams〟（*Leadership Quarterly*, vol. 3, 2003 spring）一四ページに収録されている。

2 意思決定プロセスにおける公平感の重要性については、W・チャン・キム、ルネ・A・モーボルニュ〝Fair Process: Managing in the Knowledge Economy〟（*Harvard Business Review*, 1997. 7-8）を参照されたい。

第八章

1 D・クラックハート、J・R・ハンソン〝Informal Networks: The Company Behind the Chart〟（*Harvard Business Review*, 1993. 7-8）を参照されたい。

2 この言葉をつくったのは、デービッド・ラックスとジム・セベニウスである。くわしくは、デービッド・ラックス、ジェームズ・セベニウス〝Thinking Coalitionally〟（〝*Negotiation Analysis*〟University of Michigan Press, 1991）、ジェームズ・セベニウス〝Sequencing to Build Coalitions: With Whom Should I Talk First?〟（〝*Wise Choices: Decisions, Games, and Negotiations*〟Harvard Business School Press, 1996）を参照されたい。

第九章

1 ロナルド・ハイフェッツ〝*Leadership Without Easy Answers*〟（Belknap Press, 1994）二五一ページを参照されたい。

2 管理職が抱きやすい偏見についての詳しい分析は、マックス・ベゼルマン〝*Judgement in Managerial Decision Making*〟第五版（Wiley, 2001）を参照されたい。

3 ハイフェッツ〝*Leadership Without Easy Answers*〟を参照されたい。

4 このモデルはもともと不安感について開発された。R・M・ヤーキズ、J・D・ドッドソン〝The Relation of Strength of Stimulus to Rapidity of Habit Formation〟(*Journal of Comparative Neurology and Psychology*, 1908.18)四五九～四八二ページを参照されたい。言うまでもなくこのモデルには限界があり、比喩として使われることが多い。限界についての論考は、〝How Useful Is the Human Function Curve?〟(http://www.trance.dircon.co.uk/curve.html)を参照されたい。

5 交渉を巡る「バルコニー論」については、ウィリアム・ユリー〝*Getting Past No:Negotiating Your Way from Confrontation to Cooperation*〟(Bantam Doubleday, 1993)第1章を参照されたい。

6 W・チャン・キム、ルネ・A・モーボルニュ〝Fair Process:Managing in the Knowledge Economy〟(*Harvard Business Review*, 1997.7-8)による。

第一〇章

1 ヘレン・ハンドフィールド・ジョーンズ〝How Executives Grow〟(*McKinsey Quarterly*, 2000.1)による。

著者推薦文献

[戦略]

Brandenberger, Adam, and Barry Nalebuff. *Co-opetition*, New York: Doubleday, 1996.
『コーペティション経営―ゲーム論がビジネスを変える』(日本経済新聞社、1997)

Ghemawat, Pankaj, with David J. Collis, Gary P. Pisano, and Jan W. Rivkin. *Strategy and the Business Landscape*, Reading, MA: Addison- Wesley,1999.

Porter, Michael. *On Competition*. Boston: Harvard Business School Press, 1998.
『競争戦略論1・2』(ダイヤモンド社、1999)

Watkins, Michael, Mickey Edwards, and Usha Thakrar. *Winning the Influence Game: What Every Business Leader Should Know About Government*. New York: Wiley, 2001.

[組織設計]

Kaplan, Robert S., and David P. Norton. *The Strategy-Focused Organization: How Balanced Scorecard Companies Thrive in the New Business Environment*. Boston: Harvard Business School Press, 2001.
『キャプランとノートンの戦略バランスト・スコアカード』(東洋経済新報社、2001)

Nadler, David, and Michael L. Tushman, with Mark B. Nadler. *Competing by Design: The Power of Organizational Architecture*. New York: Oxford University Press, 1997.
『競争優位の組織設計』(春秋社、1999)

[組織改革]

Kotter, John P. *Leading Change*. Boston: Harvard Business School Press, 1996.
『企業変革力』(日経BP社、2002)

Schein, Edger H. *Organizational Culture and Leadership*. 2nd ed. San Francisco: Jossey-Bass, 1992.
『組織文化とリーダーシップ―リーダーは文化をどう変革するか』(ダイヤモンド社、1989)

Tushman, Michael L., and Charles O'Reilly III. *Winning Through Innovation: A Practical Guide to Leading Organizational Change and Renewal*. Rev. ed. Boston: Harvard Business School Press, 2002.
『競争優位のイノベーション―組織変革と再生への実践ガイド』(ダイヤモンド社、1997)

[交渉説得術]

Cialdini, Robert. *Influence: The Psychology of Persuasion*. Rev. ed. New York: Morrow, 1993.

Stone, Douglas, Bruce Patton, and Sheila Heen. *Difficult Conversations: How to Discuss What Matters Most*. New York: Viking, 1999.
『言いにくいことをうまく伝える会話術』(草思社、1999)

Ury, William. *Getting Past No: Negotiating Your Way from Confrontation to Cooperation*. New York: Bantam Doubleday, 1993.
『決定版　ハーバード流"NO"と言わせない交渉術』(三笠書房、1995)

Watkins, Michael. *Breakthrough business Negotiation: A Toolbox for Managers*, San Francisco: Jossey-Bass, 2002.
『ビジネス交渉術―成功を導く7つの原理』(PHP研究所、2004)

[リーダーシップ、チームワーク]

Bazerman, Max. *Judgment in Managerial Decision Making*: 5th ed. New York: Wiley, 2002.
『バイアスを排除する経営意思決定』(東洋経済新報社、1999)

Heifetz, Ronald. A., and Marty Linsky, *Leadership on the Line: Staying Alive Through the Dangers of Leading*. Boston: Harvard Business School Press, 2002.

Hill, Linda A., *Becoming a Manager: How New Managers Master the Challenges of Leadership*, 2nd ed. Boston: Harvard Business School Press, 2003.

Katzenbach, Jon R., and Douglas K. Smith. *The Wisdom of Teams: Creating the High-performance Organization*. Boston: Harvard Business School press, 1993.
『「高業績チーム」の知恵―企業を革新する自己実現型組織』(ダイヤモンド社、1994)

訳者あとがき

この本は、とてもやさしい本である。まず何よりも、新米リーダーに対する著者のまなざしがやさしい。著者は、「泳げない奴は溺れろ」式の苛酷な自然淘汰はもうやめよう、というところからスタートしている。そして移行期を泳ぎ切るのは周囲の条件や本人の人柄などに頼るべきではなくて、水泳と同じように誰にでも身につけられるスキルなのだと言う。初めて管理職になった人にとって、なんと心強くうれしい言葉ではないか。

さらに著者は、新任リーダー全員がみごとに移行期を泳ぎ切って「卒業」できるよう、会社ぐるみでサポートすることを提案する。「みんなに泳ぎを教えてあげましょう」というのが著者のメッセージなのだ。大げさに言えば、博愛的である。もちろんそれは、全員の移行期をすこしでも短縮できれば会社の業績に大いにプラスになるという合理的な判断に根ざしているのだけれども、新任管理職にとって、そうしたサポート体制がありがたいことに変わりはない。人より早く移行期を乗り切ってライバルを出し抜くという発想で書かれていないことが、気持ちいい。

そしてまたこの本は、言葉遣いもやさしい。新しい職場を前に緊張し、あるいは混乱している新任リーダーにもすっと理解できるよう、きわめて平易な言葉を選んで諄々と説いていく。大学教授である著者の研究論文などはかなり難解であるらしいのだが、この本は始めから論文とは違う気構えで書かれていることがわかる。CEOからチーム・リーダーまであらゆるレベルの新任管理職を対象にしたと著者が言うとおり、流行の経営用語などは使わず、誰にでも読みやすく、かゆいところに手の届くような親切な書き方になっている。

管理職が学ぶべき〈三つの学習分野〉、直面する状況を四種類に類型化した〈四つの状況〉、上司と話し合うべき〈五つの対話テーマ〉など、アメリカ人らしい図式化は随所にみられるが、どれも決して奇をてらったものではない。わかりやすい言葉であらためて具体的に説明されると、「なるほど」「そう言えばそうだった」と素直に頷けるのではないだろうか。

残念ながら私自身は管理職に昇進したことはないが、上司の交代は何度も経験したし、右往左往する新任ボスのとばっちりを受けたこともある。だから、この本に書かれていることには思い当たる節が多かった。対・上司作戦〈べからず〉集など、会社勤めをしていた頃に読んでいれば、もっとよい部下になれたかも知れない。「肩書だけでなく気持ちを切り替える」とか「大風呂敷を広げない」には、「あのときのあの上司に読ませてあげたい」と思わず苦笑してしまった。そんなわけで、翻訳はとても楽しい作業だった。

この本にはさまざまなヒントがふんだんに盛り込まれているけれども、姑息な手段を弄したり「猫だまし」のような奇襲作戦を仕掛けるといった類のことはひとつもなく、あくまでまじめにひたむきに移行期に取り組む。このあたりは愚直とも言えるほどで、上司への気遣いはあっても、ごまをすったりおもねったりということはない。そしてもちろん、愛する家族への気配りも忘れない。

というわけで、この本はビジネス書ではあるが、とても読後感のいい本だった。読者にもこの読後感を共有していただけたらうれしい。

なお、たびたび出てくる「泳げない奴は溺れろ」の英語は〝sink or swim〟。沈むか浮くかは運任せ、つまり「一か八かで臨む」という意味でよく使われるが、本書では新任リーダーの試練を水泳になぞらえた比喩が多用されることを考え、あえて語感を大切にして訳出した。

最後に、この本を訳す機会を与えてくださり何かと相談に乗ってくださったアスペクトの西田薫さんに心から感謝申し上げます。

村井章子

●著者プロフィール

マイケル・ワトキンス

Michael Watkins

ハーバード・ビジネススクール助教授。リーダーシップと交渉術を専門に研究する傍ら、企業外交に関する講座を受け持っている。企業経営者が他社、政府高官、マスコミその他のステークホルダーとどのように関係を築き自社を取り巻く環境を整えていくかを考える、人気の講座である。1996年に現職に就くまでは、ハーバード大学ケネディ行政大学院の助教授を務め、中東、韓国、バルカン半島を巡る複雑な国際外交交渉術を研究。著書に、邦訳『ビジネス交渉術 — 成功を導く7つの原理』(PHP研究所)がある。同書は、交渉分野で最も優れた著作に与えられるCPR紛争解決研究所賞を2002年に受賞した。

●訳者プロフィール

村井章子

むらい・あきこ

上智大学文学部卒業。経済・経営、環境関係の翻訳を主に手がける。訳書に『マッキンゼー戦略の進化』、『マッキンゼー経営の本質』、「駆け出しマネジャーアレックス」シリーズ(以上ダイヤモンド社)、『地球文明の未来学』(新評論社)など。

ハーバード・ビジネス式《しき》マネジメント
最初《さいしょ》の90日《にち》で成果《せいか》を出《だ》す技術《ぎじゅつ》

2005年6月8日　第1版第1刷発行

著　者　マイケル・ワトキンス
訳　者　村井《むらい》章子《あきこ》

発行人　高比良公成
発行所　株式会社アスペクト
〒101-0054 東京都千代田区神田錦町3-18-3 錦三ビル3F
電話 03-5281-2551　FAX 03-5281-2552
ホームページ　http://www.aspect.co.jp

印刷所　大日本印刷株式会社

本書の無断複写・複製・転載を禁じます。
落丁、乱丁本はお手数ですが小社営業部までお送りください。
送料小社負担でお取り替えいたします。
本書に対するお問い合わせは、郵便、FAX、
またはEメール：info@aspect.co.jpにてお願いいたします。
定価はカバーに表示してあります。

©Akiko Murai, ASPECT 2005 Printed in Japan
ISBN4-7572-1146-5

MBAベーシック・マスター
短期間で身につける世界最強の経営学ガイド

スティーヴン・ストラルザー 著　高橋則明 訳

MBAは資格をとるためにあるのではない。
ビジネスマンが自分の仕事を広い視野から捉えなおし、
日々の仕事に生かしていくためにある。
最新のビジネス理論をわかりやすく、コンパクトに
まとめた本書は、忙しいビジネスマンの強力な
武器となることを目指して書かれている。

A5版並製　296ページ　定価1900円＋税　ISBN4-7572-1122-8